朝日新書
Asahi Shinsho 106

カラシニコフ自伝
世界一有名な銃を創った男

エレナ・ジョリー　聞き書き
山本知子　訳

朝日新聞出版

カラシニコフ自伝　――世界一有名な銃を創った男　目次

カラシニコフ関連地図
サンクトペテルブルク
（旧レニングラード）
キエフ
モスクワ
ショーロヴォ武器試験場
ロシア連邦
黒海
イジェフスク
ノヴォシ
ビルスク
トムスク
クーリャ（生誕地）
カスピ海
カザフスタン
共和国
アルタイ
共和国
タシケント
ウズベキスタン
共和国
アルマトイ（旧アルマアタ）
サマルカンド
— 現ロシア
二 旧ソビエト連邦
0
1000
2000
km

【凡例】

原著者注は、(1)(2)などで示し、奇数ページ左に記した。

訳注は文中に〔　〕で挿入した。

はじめに――恐怖と栄光の日々

地球上には、どんな言語にも使われている共通の単語が一ダースほど存在する。チリの農民から日本のビジネスマンまで、イギリスの都市住民からアフガニスタンの山岳地帯に暮らす人々まで、誰もが知っている単語だ。例をあげれば、「タクシー」、「ラジオ」、「コカ・コーラ」、そして……「カラシニコフ」。世界でもっとも頻繁に口にされるロシア人の名前は、レーニンでもスターリンでもゴルバチョフでもない。カラシニコフだ。その言葉の背後にあるもの――それは、正確な数こそ誰にもわからないが、六千万とも八千万ともいわれるカラシニコフ自動小銃が世界中に出回っているという事実である。

ウラル山脈の奥深く、辺鄙《へんぴ》な地方都市イジェフスク。いまだ青年のように若々しい八十三歳のその老人は、自宅アパートの鋼鉄のドアを開けながら、私にこう言った。「今では、ドアだって鋼鉄製だ。強盗やらフーリガンやら、ありとあらゆる悪党から身を守らなければならないからな。ソ連時代には考えられないことだ」

「身を守る」。ミハイル・チモフェエヴィチ・カラシニコフのお気に入りの言葉が、出会った瞬間に、彼の口をついて出た。国を守り、身を守る――。その非凡な人生を通じて、カラシニコフは自らの手で祖国を守るのと同時に、祖国から自らの身を守らなければならなかった。彼は、恐るべき時代の英雄であるとともに、犠牲者でもある。

ドアを開けてくれたカラシニコフは、上品な身なりをしていた。客人を迎えるためではない。これが毎日の装いなのだ。自宅のアパートは広く快適で、整理整頓が行き届いている。彼は身の回りのものが美しく、特に秩序正しくあることにこだわっている。そう、「秩序」こそ、カラシニコフの人生を象徴するキーワードだ。

紅茶か、魚のスープか（彼の得意料理だ）、それともウオツカにするか？　いかにもロシア人らしくそう尋ねてくるカラシニコフは、けっして大柄ではないが、背筋がピンとのびている。ふさふさした白髪にはていねいに櫛があてられ、物腰は、農民というよりもジェントルマンそのものだ。

鋭い眼光のなかに、相手を値踏みするような警戒心が浮かぶ。その一方で、何かというと冗談も連発する。彼は言った。「人生には重すぎて、ジョークにでもしないと口にできないこともあるんだ」。独学で身につけたという幅広い教養にも驚かされた。詩句をそらんじ、言葉遊びを楽しみ、心からおかしそうに笑う。何に対しても好奇心旺盛だ。どんな物ごとにも、どんな人間に対しても興味を持つ。私の人生にも関心があるようだった。

情熱の人でもある。大切な思い出話になると、身を乗り出し、姿勢を正し、身振り手振りを交えて、芸達者な役者のように自分の人生を語る。このインタビューは、彼のこの情熱に火をつけることができるかどうかにかかっているだろう。万一失敗すれば、この老人からはどんな話も聞き出せなくなってしまうからだ。ハッチをぴったり閉じた戦車のように、殻に閉じこもってしまうのだ。

驕りや気取りは感じられない。語り口はいたって率直だ。ソ連時代の指導者たちの紋切り型の物言いや、人を見下すような官僚的な口調を記憶している人ならば、ロシアでもっとも多くの勲章を授かったこの人物を前にしただけで萎縮してしまうだろう。だが、カラシニコフはインテリのお偉方タイプではない。それどころか、むしろユニークで、意外な素顔をもつ人物だった。

★★★

カラシニコフの娘レナは私の古くからの友人で、私に会いによくパリに来てくれる。ある日、彼女が、自分の父親と家族にまつわる印象的な話をしてくれた。そのとき私は不意に気づいたのだ。誰もが知っているこの有名な銃の陰に、数奇で悲劇的な運命を背負い、過酷なロシアの歴史をそのまま体現した人物がいたことを。

「西側」では、その人物の生きざまはまったく知られていない。存命していることすら知らない人がほとんどだ。カラシニコフに直接会って話を聞くという企画に胸が高鳴った。インタビューの了解を取りつけるのは容易ではなかったが、私は最終的に彼の信頼を得ることに成功した。

本書は、そのときのインタビューをもとにしている。独特の語り口を生かすために、こちらからの質問は彼の言葉のなかに盛り込み、彼が語ってくれたことを時系列的に整理した。

さらに、ソ連の激動の歴史になじみの薄い読者のために、各章の冒頭で、カラシニコフという個人のエピソードをロシアの歴史的な文脈のなかでとらえ直すための鍵となる出来事について紹介する。

ミハイル・カラシニコフは、一九一九年、革命直後の内戦のさなか、農民の子として生まれた。彼の母親は実に十八人もの子供を産んだが、生き延びることができたのは、わずか八人だった。やがて、ロシアの農民階級に暗黒の年が訪れる。一九三〇年、「富農撲滅運動」が始まったからだ。カラシニコフ一家も、このスターリンの圧政の標的となった。ソ連が歴史上経験したもっとも過酷な出来事の数々を、カラシニコフは教科書で学んだのではなく、実際に体験したのである。

ミハイルは、十一歳のとき、両親と四人の兄弟とともにシベリアに送られた。その頃から彼はすでに、人並みはずれた粘り強さと不屈の精神を発揮してきた。それは、運命を甘受することなく、追放されたシベリアの地から二回も脱走を企て、故郷の町まで一千キロもの道のりを徒歩で戻ったことに端的に現れている。

ある日、ミハイルは、錆びついて動かなくなったドイツ製の拳銃に出会う。その銃を元の状態に戻そうと何日もかけて修理しながら、彼は悟った。これが自分の天職だと。だが、民警に密告され捕まってしまう。拳銃を渡すよう執拗に攻めたてられたミハイルは、銃を所持していることをかたくなに否定した。当時、自白すれば、その後どんなに恐ろしい運命が待ち受けていても不思議ではなかったからだ。三、四日の拘束ののちに釈放されると、彼は村を飛び出してカザフスタンへ向かい、そこで技術秘書として働き始めた。

一九三八年、軍に招集され、整備士として戦車部隊に配属される。軍隊は彼にとって武器設計者としての才能を心おきなく発揮する場となった。二十歳にして発明した戦車用の独創的な装備は、あの国民的英雄ジューコフ将軍の目にとまり、直々に称賛の言葉をかけられたほどだった。

第二次世界大戦が勃発すると同時に、ミハイルは前線に送られた。数カ月後、ドイツ装甲車部隊を相手に戦ったあの有名な「ブリヤンスクの戦闘」で重傷を負う。その状態で敵地を一週間さまよい歩いたのち、味方の軍隊に奇跡的に救出される。これもまた、彼の強靱な精神力のおかげだった。その後、病院に送られたカラシニコフは、長期の療養生活を送ることになる……。

こうしたエピソードを聞いていると、さながら、スリリングな戦争小説を読んでいるような気分になる。彼はその間、傷の痛みにもかかわらず、昼も夜もたったひとつの思いにとらわれていたという。「ファシストを倒すための武器をつくりたい！」。それから五年。一心不乱に研究を重ねた結果、ついにあの突撃銃（アサルトライフル）「ＡＫ47」が誕生する［ＡＫはロシア語の「アフタマート・カラーシュニカヴァ」の頭文字。つまり、「四七年型カラシニコフ自動小銃」の意味］。

誰もが知っている武器の設計者であるカラシニコフは、中等教育すら終えていない。彼は言う。「私は生まれながらの設計者だ。私の大学、それは本だった」。一九四九年、二十九歳にしてスターリン賞を授けられるが、これが彼の人生の大きな転換点となった。というのも、それによって、農村出の一介の青年が特権階級に属するようになったのである。

最高会議の代議員に六回選出されたカラシニコフは、クレムリンでは、ソ連人のお手本のような人物だった。だが、共産党員のエリート政治家とはつねに距離を保っていた。生々しい権力闘争には加わらず、少し離れた場所に身を置く傍観者であり続けたのだ。

カラシニコフは、ミハイル・ゴルバチョフのペレストロイカをまったく評価していない。だが、ペレストロイカによって、ようやく公の場で自分の過去を話したり、世界中を旅したりできるようになったのも事実である。彼が対面した外国人のなかには、カラシニコフのライバルといわれた、アメリカ人銃器設計者、ユージン・ストーナーもいた。このＭ16の開発者とともに、ＡＫやＭ16を手に戦った世界中の何百万もの兵士たちについて語り合う機会が持てたという。集団主義社会のソ連が、武器にその発明者の名を冠しているのに対して、個人主義を標榜《ひょうぼう》するアメリカでは略号が用いられ、発明者の名前が表に出ないのは皮肉なものである。

カラシニコフ自身の言葉を借りれば、彼は「人生のすべてを銃に捧げてきた」。二十歳頃から、彼には「祖国を守るための最高の武器を考え出し、完成させる」というひとつの思い、ひとつの目標しかなかった。この天才的な「工作好き」は、自分はあくまでも「設計者」であり、武器の取引とはまったく無関係であると主張する。彼は胸をはってこう断言した「自分が開発した銃がどこに売られようと、誰を通じて売られようと、私はその銃の売買で一コペイカたりとも儲けたことはない」。祖国を荒廃させた戦争が終わっても、カラシニコフは、自分の発明で特許を取ろうなどとは考えもしなかったようだ。

★★★

ＡＫ47の誕生は奇蹟でもなければ、偶然の産物でもない。手痛い失敗を何度も繰り返しながらも決してあきらめることなく、長年積み重ねてきた努力の結晶だ。カラシニコフは、少年時代から試練によって鍛えあげられた農民特有の粘り強さで、数々の困難も乗り越えてきた。新しい武器をつくりたいという願いは、傷を負って収容された病院でノートに最初の銃のスケッチを書きつけていた頃から、砲兵総局［当時のソ連では砲兵総局が兵器も担当していた］によって最初のカラシニコフ型の銃が採用されたあの栄光の日まで、五年にわたり彼の心をとらえて離さなかった。

それにしても、エンジニアですらない二十六歳の無名の軍曹が、才能豊かな名だたる設計者たちを尻目に、どうやって頭角をあらわすことができたのだろうか？　ライバルのなかには、スターリンの個人的な評価を受けていた者も何人かいた。だがカラシニコフはたたき上げの兵士であり、農民出身だった。だからこそ、彼の開発した銃の最大の強みは、構造の単純さと信頼性にあった。洗練とは無縁だった。ＡＫの開発は、科学よりも経験を重視し、「実験と失敗の繰り返し」に導かれている。のちに彼の妻となるカーチャは、カラシニコフ自らが自分の作業場で仕上げた試作品をデッサンする役を引き受けていた。カラシニコフとその手腕にまつわるエピソードは、伝説となったガレージで未来のコンピューター産業の土台をつくりあげていったアップルコンピューター社のスティーブ・ジョブズやマイクロソフト社のビル・ゲイツの創業時の逸話を彷彿させる……。

専門家によれば、ライバルに対しＡＫの勝利を決定づけた独創性は、銃身の上に取りつけられたガスシリンダー内のピストンが、尾筒内でボルト（遊底）を回転させる仕組みにある［次ページ図版参照］。シベリアに追放された暗黒の少年時代にかき立てられた「永久運動」への想

AK47の構造図

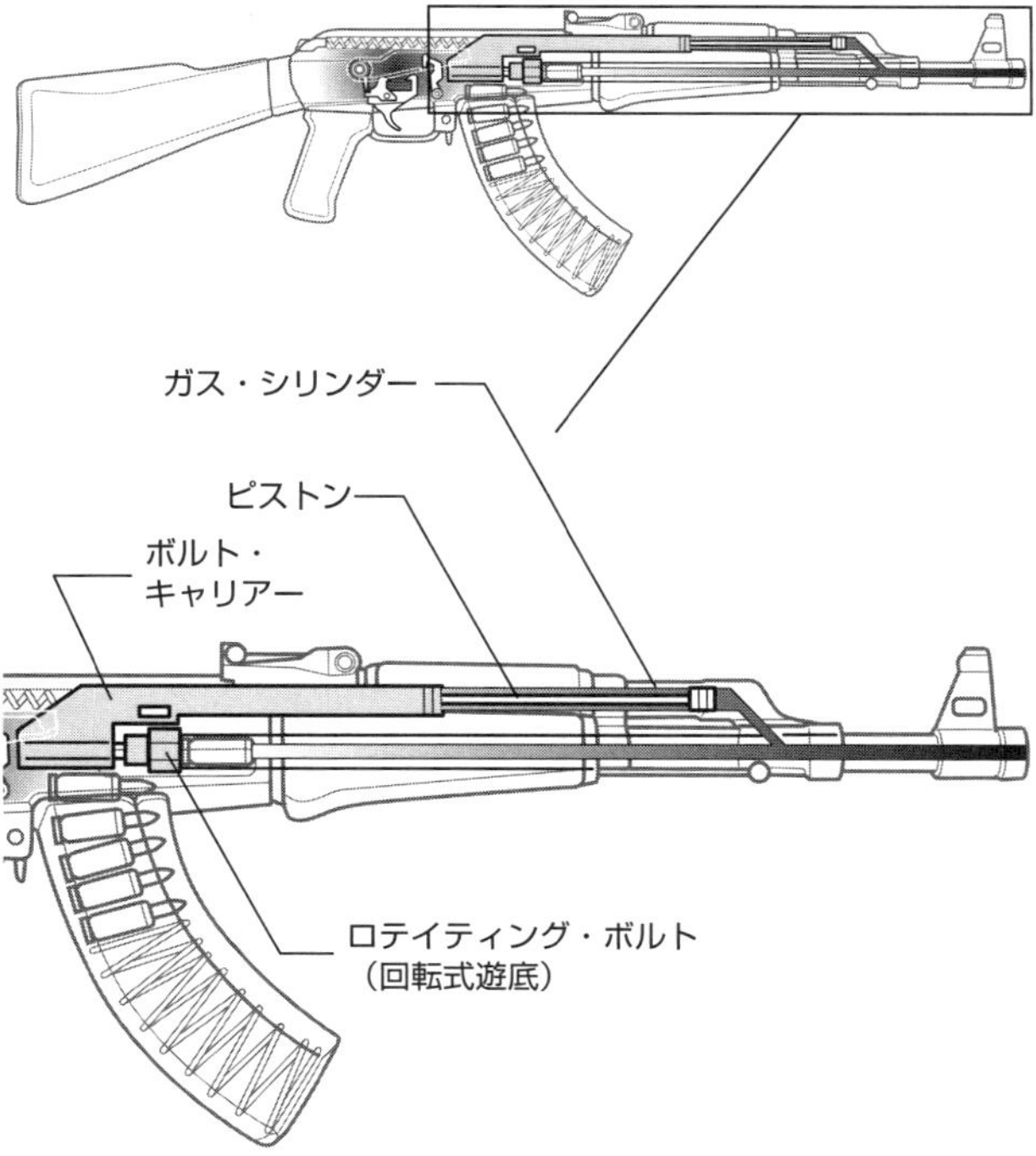
ガス・シリンダー
ピストン
ボルト・
キャリアー
ロテイティング・ボルト
（回転式遊底）

いが、連射を可能にするこの革新的な機関部の研究においても反映されていたのである。

部品を組み合わせる方法も革新的なものだった。それぞれの部品を密接につけるのではなく、隙間をもたせ、一つひとつの部品を、いわば宙に浮いたような格好で組み立てる。その結果、砂塵や泥や水をかぶる場所でも使えるようになった。AKは兵士を裏切らなかった。いつでも、どんな状況でも、必ず作動したからだ。

一九四九年、スターリンは、自身の名前を冠し、当時最高の栄誉とされた賞をカラシニコフに与えた。だが、スターリンはカラシニコフ銃の価値を正当に評価してはいなかった。その証拠に、開発から数年経っても、ソ連軍ではこの新型の突撃銃を大量に装備することはなかった。「赤の広場」で行われるパレードで兵士たちが手にしていたのは、相も変わらず、先の大戦で華々しい戦果をあげたシモノフのカービン銃だったのである。

スターリンが死んだ一九五三年の時点で、ソ連軍のほとんどの兵士が、まだAK47を目にしたことがなかった。スターリンのあとを継いだニキータ・フルシチョフも、銃より水爆やロケットの開発を優先させた。カラシニコフは、今でも、銃器を「時代遅れの技術」呼ばわりしたフルシチョフを許すことができないという。

だがその間も、カラシニコフは、逆風に耐え、ウラル山中の工場で銃の開発と改良に打ち込んでいた。イジェフスクという町にあるこの巨大な工場は、ナポレオン戦争の時代にすでに大砲の生産を手がけていた歴史ある施設で、第二次世界大戦中には、一日に一万二千丁の自動小銃を製造していた。この工場で、のちに世界を席巻する伝説の銃「AK」の大量生産が開始される。

AKとその弾薬をひた隠しにしてから十年経った一九五〇年代の終わり、西側陣営は世界最強の戦闘用の銃を持っているのはソ連であるという事実を認めないわけにはいかなかった。数年後のベトナム戦争では、それが確証に変わった。その後は、ソ連軍全体が、次いでワルシャワ条約機構陣営の軍隊のすべてが、AK47またはその派生品を装備していった。そして一九六〇年代、ベトナム戦争と植民地解放運動を通じて、AKはイデオロギーと独立闘争のシンボル的な意味合いを帯びるようになる。こうしてカラシニコフの伝説が誕生した。

二〇〇〇年、フランスの日刊紙『リベラシオン』は、「二十世紀を代表するもの」についての調査を行った。その結果、カラシニコフ銃は、テレビ、抗生物質、ブラジャーと並んで上位にランクされたのである……。

★★★

それでは、カラシニコフは、二十世紀において、より厳密に言うならば二十世紀後半に、どんな役割を果たしたのだろう？　人々の解放に貢献したのか、それとも抑圧を助長したのか？

天秤に載せたときにより重いのは、どちらなのか？

一九五〇年代に入ると、解放と抑圧というこの相反する動きは、キューバ革命とハンガリー動乱を天秤の両端にして釣り合いを保っていた。その後ほどなくしてベトナム戦争が始まる。アメリカの威信を著しく傷つけたこの戦争では、M16よりも性能に勝るカラシニコフのＡＫが、ベトコンの勝利に決定的な役割を果たした。

一九六八年まで、「革命」「反植民地主義」「反帝国主義」の理想が、第三世界の人々や西洋の若者たちの心を熱くした。世界各地でデモが行われ、参加者たちがチェ・ゲバラやホーチミンの写真をふりかざしていた時代だ。写真のなかの英雄の手には必ずＡＫが握られていた。ＡＫは解放闘争の象徴だったのだ。当時、アラファト議長はこう宣言している。「カラシニコフ銃はどこであっても、我々闘士の誇りだ！」

インドシナ半島、エジプト、キューバ、パレスチナに続き、第三世界の多くの地域が戦場と化した。だが、その頃にはもはやソ連はＡＫやその模造品の流通に中心的な役割を果たすことはなく、中国がその後を引き継いだ。

旧チェコスロバキアにソ連が軍事介入した一九六八年八月の「プラハの春」から、ＡＫの栄光に影が射し始める。一九七〇年代、八〇年代は国際的なテロの脅威が吹き荒れた時代だ。「鉛の時代」と呼ばれたこの時期を通じ、派手で血なまぐさいテロ事件が相次ぎ、世界中を震撼させた。そして、パレスチナやドイツ、日本、イタリアのテロリストたちの手には、すでになじみとなったAKの姿があった。生みの親であるカラシニコフは、この事態を深く嘆いている。「私は祖国を守るための銃をつくった人物として人々の記憶に残りたい。テロリストのための銃ではなくて……」

だが不幸なことに、彼の悪夢はまだ始まったばかりだった。イラン・イラク戦争、そしてレバノン、アンゴラ、エチオピア、カンボジアの内戦……。世界中ほぼいたるところで野蛮な戦争が勃発し、どの陣営の兵士たちもカラシニコフで武装して正面から敵対した。結局、AKとその派生品は、五十五に及ぶ正規軍と、多種多様なイデオロギーを標榜する、さらにはイデオロギーなどとはまるで無縁のさまざまな不特定多数の武装グループの武器となったのである。

さらに最悪の事態が待ち受けていた。アフガニスタン戦争で、AKがソビエトの兵士たちに向けられたのだ。その後の紛争によってソ連邦が、次いでロシアそのものも解体し始める。AKはつねにその傍らにあった……。チェチェンの悲劇は、この悪夢がまだ終わっていないことを連日私たちに伝えてくれる。

久しく前から、AKはその設計者の意思どころか、ロシアの指導者たちの支配すら及ばない存在となっている。カラシニコフは言う。「AKは私の意思とはまったく無関係にひとり歩きしている」。発明品がその発明者を超えてしまったのだ。

AKは、発明者の意に反して、世界中の戦場に悲劇をもたらし、ついには祖国の兵士にまで向けられた。その経緯については、本書ではほとんど触れていない。カラシニコフは、いくつかの問題についてはバリケードを築いてしまうからだ。またあまりにデリケートな質問に対しては、うまくはぐらかす術《すべ》さえも心得ている。生涯、秘密の保持を迫られてきた者にとって、心中を正直に打ち明けることは容易ではないのだろう。

カラシニコフは二重の意味で秘密の人物だった。自身の過去を隠していたばかりでなく、世界の目から彼自身の存在が隠されていたからだ。それは、彼が働き、居住する小国、ウドムルト共和国に外部からの入国が禁止されるほどの徹底ぶりだった。

彼は今、過去について語るべきは政治家だと考えている。「ソ連水爆の父」と呼ばれ、のちに自身の研究に疑問を抱き、反体制に回ったアンドレイ・サハロフ博士とは対照的に、カラシニコフは、自分には政治的な影響力はないとわかるや、徹頭徹尾、技術屋の役割に専念した。それはまさに彼のお気に入りの諺のひとつ、「繋がれたる山羊たるもの、足元の草を食《は》むしかない」を地でいく生き方だった。

★★★

だが、若かりし日のカラシニコフは反骨精神が旺盛だった。シベリアの地を脱走するためにさまざまな危険を冒し、刑務所や強制収容所送りを危機一髪のところで逃れ、死からも生還を果たした。もちろん、一九三〇年代のソ連の流血の混乱《カオス》にあっては、何の痕跡も残さないまま抹殺される運命を背負っていたのは、彼だけではなかった。

当時の社会は、彼と彼の家族を情け容赦なく締め出した。カラシニコフは、シベリアに着いたその日、こう告げられたのを覚えている。「お前たちを『同志』とは呼ばない。お前たちにも我々を『同志』と呼ぶ権利はない」。このとき耐え忍んだ深い心の傷は、彼をいまだ苦しめ続けている。その後半世紀にわたって国家から栄誉を授けられてきてもその傷は癒されることはない。だからこそ、ほかの人と同じように「同志」となるため、カラシニコフは、誰よりも熱心に、誰よりも祖国に尽くそうとした。祖国が危機にさらされたときに、防衛のための新しい武器を提供することほど国家の役に立つことがあるだろうか?

当時、祖国に尽くすということは、とりもなおさずスターリンに尽くすことだった。スターリンに対する盲目的崇拝が支配した時代、「スターリンは神」であり、勝ち誇ったスターリン主義者は、人々に、考えるのではなく信じることを強要した。カラシニコフを含む代議員たちは、この最高権力者にひたすら拍手を送り続け、誰も最初に拍手をやめようとはしなかったのである。

それは恐怖の混じった狂信だった。カラシニコフは恐怖心にとらわれたまま、五十年以上にわたり、「人民の敵」とされた自身の過去をひた隠しにした。事実を明かしてしまえば、あらゆる扉が自分の前で閉ざされてしまうおそれがあったからだ。

もっとも、いつの日か私たちは、古い資料の中に、共産党はカラシニコフの過去の秘密を握っていたという事実を発見するかもしれない。有益な人物の隠された弱みを握り、それを利用して「服従させる」という手段は、スターリンの倒錯したやり口のひとつだったからだ。そうやってスターリンは、彼らのキャリアから栄光や生命まで、すべてを牛耳《ぎゅうじ》り、ソ連という巨大な組織の歯車となる人間をつくりだしていった。十六世紀にすでにラ・ボエシーが唱えていた「自発的隷従」のメカニズムが、ここでは十全に機能していたのである。

こうして、かつては反骨精神にあふれていた若者が模範的な「ソビエト人」になった。カラシニコフは、今なおそうである。数奇な運命を背負い、世界の歴史を変えたこの人物は、激動の歴史と無関係に、自分の道を歩んできたといえるのだろうか?

エレナ・ジョリー

第一章　隠された悲劇

カラシニコフの生まれ故郷にある半身像
＝クーリャ（ロシア・アルタイ地方）

カラシニコフのこれまでの人生には、ソ連で巻き起こった「富農撲滅運動」が大きな影を落としている。この運動によって、彼の家族は過酷な環境のシベリアに追放され、長いあいだ市民権を剝奪され、さまざまな屈辱や窮乏や不幸に耐えなければならなかった。

一九二九年、スターリンは農業の全面的な集団化政策を打ち出した。農民は集団農場「コルホーズ」で働かなければならず、違反した者は流刑に処された。手始めとして、このシステムに異を唱え、他の人々に悪影響を及ぼすと見なされた「クラーク」と呼ばれるもっとも裕福な農民層がシベリアやそのほかの厳寒の地に送られた。この政策によって、国家は、それまでほとんど無人だった地域に入植させるとともに、木材伐採、農業、製鉄業に安価な労働力を供給するという二つの目的を果たそうとしたのである。

一九三〇年から三三年にかけ、この大々的な追放運動は最高潮に達した。その間に犠牲となった富農の数はおよそ百四十万人に上るといわれている。一九三〇年には、コルホーズが強制的に組織され、富農撲滅運動は農業集団化を推し進めるための格好の手段となった。一九三二年、第一次五カ年計画が終了する頃には、コルホーズはすでに全国の農家の三分の二を吸収していたが、そのために払われた犠牲は莫大だった。農民たちは激しい抵抗運動を試み、農村から都市部へ流入した人々は数知れず、食糧難や住宅難といった社会問題も深刻化した。

もうひとつ、この運動が引き起こした大きな問題は、家畜の大量殺戮だった。クラークとレッテルを貼られた人々が、所有している家畜の頭数を自分の手で減らし、「富農」から「中農」へと自ら格下げすることで、シベリア送りを逃れようとしたのである。こうして家畜の数は半減した。

この間、国内では飢饉が起こり、多くの人命が奪われていたにもかかわらず、ロシアは膨大な量の小麦を海外に輸出している。さらに、人々が飢えているのもおかまいなしに、当局はコルホーズや一般人からパンを没収した。一九三三年以降、ロシアやウクライナで起きた大飢饉の被害者は一千万人に及ぶ。

飢饉に見舞われたある地域の党書記は、書簡のなかで「管轄地区のコルホーズでは農民は疲労の極限にあっても労働を強要される。作業中に倒れ、そのまま息を引き取ってしまう者も珍しくない」と記している。しかもそれだけ働いても、ほとんど報酬はなかった。一九三二年に「パスポート制」［国内を移動するための旅券。農民の都市への流入に歯止めをかけるため導入された］が導入されると、農民は所属するコルホーズに縛りつけられ、自由に農場を離れることを禁止された。追放された農民はGPU［ソビエト人民委員会付属国家政治局］（かの有名なKGBの前身）に管理され、その状況はまさに強制収容所に入れられたのと変わりなかった。農民はウラル地方やシベリア、カザフスタン、中央アジアに送り込まれ、普通犯や政治犯とともに、白海［ロシア北西部に位置する海］とバルト海、あるいはモスクワ川とヴォルガ川を結ぶ運河や、さまざまなダムの建設に従事させられたのである。強制労働に就く人々の集団大移動が行われ、その移送は恐ろしい混乱を招いた。ようやく到着した移送先では、住居も食糧も道具もすべてが欠乏していた。

その四年間で移送させられた人々の四分の一が、疫病、飢餓、過酷な労働で命を落としている。農業集団化政策がもたらした損失は途方もない。実に二千五百万人の農民が死亡したと推測されるからである。

一九二八年から二九年は「第二の革命」にあたる時期だが、このように、革命によってロシアの農民の生活様式は一変した。その後遺症に、ロシアの経済はその後もずっと苦しめられることになる。

追放農民

私の顔立ちはロシア人そのものだが、一族はコーカサスに近いクバン地方の出である。先祖は、当時の表現を借りれば「風のように自由な」コサックで、もともとは「カラシニク」という名だった。十九世紀半ばに農民になったとき、苗字を「カラシニコフ」とロシア風に改めた。

私の母はアレクサンドラ・フローロヴナ・カヴェーリナといい、一八八四年に比較的裕福な家庭に生まれた。多くの司祭を輩出した家柄で、母親自身もたいそう信心深かった。二十世紀初頭、一歳年上で、貧しいが勤勉な農民、チモフェイ・アレクサンドロヴィチ・カラシニコフと結婚した。

一九一〇年、皇帝ニコライ二世が農民にアルタイ地方(1)の耕地の譲渡を決めると、両親は三人の子供を連れて移住することにした。私は、移住先であるクーリャの村の当時一家が住んでいた丸太小屋で生まれた。母が産気づいたのは、両手になみなみと水が入ったバケツを運んでいるときで、慌ててバケツを下ろした直後に私が誕生したらしい。母は十八人の子供を産んだが、生き残ったのはわずか八人だった。

私はよく自分の子供時代を思い出す。一九一七年に十月革命が起こったとき、私の家は貧しくもなければ裕福でもなかった。両親にはすでに六人の子供がいて、どの子も幼いうちから厳しい農作業を手伝っていた。生き延びるためには、働くよりほかになかったのだ。一九一九年に生まれた私は、八番目の子供だった。当時私たちが住んでいた家は伝統的な丸太作りの小屋で、家族共用の部屋が一間と炊事場、それに玄関口があるだけだった。ひとつしかない部屋の

(1) アルタイ　カザフスタンとモンゴルに隣接するロシアの一地方

床は板張りだったが、コサックの伝統に従って、玄関口と炊事場は土間になっていた。家族は大所帯だったため、全員が食卓につくことはできなかった。両端に陣取った祖父母があれこれ指図するなか、両親と年長の子供たちが長椅子にぎゅうぎゅう詰めで腰かけ、年少の子供たちは、膝にめいめいの皿を抱えて、直接床に座っていた。

とはいえ、私たち家族は、宗教上の儀式に関してはどんなささやかなものでも決しておろそかにはしなかった。祈りの言葉を口にする前に食事に手をつける者などひとりもいなかったし、寝る前には、全員がイコン［ロシア教会などで礼拝の対象とした聖画像］の前にひざまずいた。まだ幼かった私も、信仰心からではなく服従心から、いっしょに祈っていた。

小さい頃から、私はなんでも自分の手でつくるのが好きだった。小さな家、ミニチュアの水車……。父はよく言ったものだ。「ミーシャ［ミハイルの愛称］は大きくなったら建築家になるに違いない。だからミーシャの家づくりのじゃまをしてはならん」

また、子供がかかるといわれている病気はかたっぱしから経験した。一度に二つ、三つの病気が重なることもあった。六歳のときには呼吸が止まったと思われ、埋葬されそうになったこともある。母親が私の鼻に鶏の羽根を近づけてみたが、まったく反応しない。あきらめた両親は、棺桶をつくってもらおうと指物師《さしものし》を家に呼んだ。だが、大工道具が騒々しい音を立て始めたとたん、私は意識を取り戻したという。カラシニコフ家ではひとつの伝説になっている。指物師はそのときこう叫んだそうだ。「こんなに小さいのに、すでにいっぱしの食わせ者だ！こいつはたいした役者だぞ！」

からだが弱く病気がちだったにもかかわらず、私はいつも兄や兄の友人たちと遊びたがった。ある冬、兄のひとりが私に木でスケート靴をつくってくれた。その靴を履いた私は凍った川でスケートをし、川に落ちて死にかけた。氷の上を歩いているときに不意に氷面が割れ、冷たい水の中に落ちてしまったのである。重いオーバーを着ていたため、どんどん川底に落ちていった。幸い兄が「火事場のばか力」を発揮して私を引き上げ、九死に一生を得た。次の夏、今度は同じ川で溺れそうになった。泳げなかったのだ。いまだに泳げない。だから、私は一生、水に対する恐怖心を拭えないだろう。

またそのころ天然痘にかかり、今でも顔にあばたの痕がいくつか残っている。かなりあとになって初めてモスクワに行ったとき、私はすぐに美容研究所に予約の電話を入れた。「イワノフ」と名前を偽って。というのも、そんな場所に出入りしていることを誰かに知られたくなかったからだ。実際には知られる可能性などほとんどなかったのだが。結局、実際に美容研究所まで足を運ぶ勇気はなかった。

七歳のときには畑で働き始めた。毎年、夏になると、両親は私を近所の農家に「貸し出し」て、こまごまとした野良仕事にあたらせた。

両親は手放しで陽気な性格というわけではなかった。なにしろ働きづめだったのだから。だが、母は生きることを愛し、冗談が好きだった。父が厳しいのと同じくらい、母はやさしかった。私は内心、自分こそ母親のお気に入りの子供に違いないと思っていたが、勝手な幻想だったのかもしれない。

両親は無学といってよい。母親はまったく字が読めず、父親は二年か三年、学校に行っただけだ。だが、家にはいつも新聞や雑誌が散らばっていた。暇さえあれば、父が読んでいたからだ。

長い冬の夜には、父の友人たちがよく家にやって来て、明け方まで話し込んでいた。私たち子供は寝たふりをしながら、大人の話に耳を傾けていた。平和に家族とすごした穏やかな時間のことをよく思い出す。晩になると、母は私よりずっと年上の姉たちと毛糸を紡ぐ。ゆったりとくつろぐ父のそばで、兄のヴィクトルがみんなのために詩を朗読する。私たちの大好きな詩人、[2]ネクラーソフの作品だ。記憶力がとてもよい姉のガーシャは、詩句の大部分を覚えていて、ヴィクトルのあとを受けて残りの文言をそらんじたものだ。父が静かに歌を口ずさむこともあった。すると母や姉たちがそれに加わり、やがて家族全員が歌い出す。でも私だけは音痴で声も悪かったから、歌は遠慮しておいた。外はすさまじい寒さだったが、家の中は、年季のはいった優れもののストーブのおかげでポカポカと心地よかった。そのときの温かさを今でも覚えている。

両親は、子供たちを全員平等にあつかってくれた。もちろん、年少の子が年長の子よりも可愛がられることはあったにしても。私たちは自然に兄や姉を手本にし、読み書きをはじめ、たくさんのことを教わった。おかげで私は、学校に上がる前にすでに文字を読むことも書くこともできるようになっていた。両親は子供たちに「学校で頑張っていい成績をとるんだよ」と言い聞かせていた。母は、出来のよい私をたいそう誇りに思っていた。

私が最初に教わった先生はすばらしい女性だった。放課後もよく面倒を見てくれ、しょっちゅう家にやって来ては、両親と長いあいだ話しこんでいた。学校では、家畜を「科学的に」育てる方法も教わり、各自が一頭ずつ動物を飼育することになった。小さな子牛の世話を任された私は、細心の注意を払って育てた。

私は学校も学校の先生も、そして自分の家族も大好きだった。幸せな子供だったのだ。私は、この世に生を授けてくれ、この大地で育ててくれた両親に深く感謝している。

★★★

（2）ニコライ・アレクセーヴィチ・ネクラーソフ（一八二一〜一八七七）　ロシアの有名な詩人

一九二九年になった。農村では密告が日常茶飯事になった。私たち小学生も、自分たちの村の中で起きていることをすべて知っていた。一部の農家にとって、この遠い過去の出来事は、まさに身の破滅を意味していた。党の代表が村を訪れる機会が増え、当時の表現を借りれば、「困窮した農民たち」のために会議を開いた。会議の席で、農民を「貧農」、「中農」、「富農（クラーク）」の三つのカテゴリーに分類するリストが作成され、「富農」のカテゴリーに入れられた者はシベリア送りになり、財産を没収されることになっていた。

嵐の前触れのようなこの会議は夜を徹して続けられた。誰かが、富農に認定された農家について、それほど裕福ではないと主張してクラス分けに異を唱えたりしようものなら、その人自身が即座に金持ち連中の共謀者とみなされた。こんな状態で、いったい誰が隣人の弁護を買って出るというのだろう。

党の担当者が「余剰品」とみなされた一切合財を没収しに家に乗り込んできたが最後、その農民にできることといえば、ただただ涙を流し、悲嘆に暮れることだけだった。実際、農家に余分なものなどひとつもなかった。だが、それを決めるのは党から派遣された連中だった。「これもあれも没収だ。お前にそんなものを持つ権利はない」。連中はあらゆるものを奪っていった。家畜、家禽、小麦、ジャガイモさえも。そのうえ、農民が悪知恵を働かせて財産をどこかに隠し持っているのではないかと、そこらじゅうを探し回った。

許されない数の家畜を所有する者から市民権を剝奪し、シベリア送りにすることを村人のなかの誰が支持しているのか、子供たちでも知っていた。学校でも、貧しい家の子供と豊かな家の子供のあいだがぎくしゃくし、いさかいや喧嘩が起きた。侮辱や非難の応酬が、ときには大々的な取っ組み合いに発展することもあった。子供たちは罵り合い、互いに相手を「クラーク」や「搾取者」呼ばわりした。そして、いつもターゲットにされた子供のほうが、自分の身を守っただけであっても、喧嘩の原因をつくった張本人とされた。

だが、貧者と富者の違いなど、実際のところ、どれほどのものだったのだろう？　「富める者」とされたのはたいてい大家族であり、ほかの家よりもたくさんの家畜を飼育しなければならないだけのことだった。だとすると、いったい何を根拠に、富農であるかないかを判断していたというのだろうか？

ある日、学校に着くと、先生は私たちに、前の晩に四人の子供が両親とともにシベリアに送られたと教えてくれた。この知らせに打ちひしがれた私たちは、罪悪感さえ覚えた。私の悲しみはことさら大きかった。というのも、仲良しだった女の子、ジーナがシベリアに行ってしまったからだ。もしかしたらあの愛らしい顔、あの笑顔にまた会えるのではないかと奇蹟を願いながら、一日に何度も彼女の家の前を通った。だが、それは叶わぬ夢だった。私の幼い日の初恋は、こんな形で悲劇的な結末となった。かわいそうなジーナ！　見知らぬ土地へと向かう果てしない道を、無事に旅することができたのだろうか？　彼女は、いったいどうなってしまったのだろう？

学校も年度末を迎え、農民たちは春の農作業の準備に入った。私はまた、隣家の馬の世話をすることになった。隣のおじさんは前年の私の働きぶりにいたく満足し、私のことをたいそうほめてくれたので、父は誇らしげだった。

季節ごとの作業期間中、農家では家族のそれぞれに仕事が割り当てられる。両親が畑に出ているあいだ、男の子たちは馬の世話をし、女の子たちは子守をする。このような家族内の助け合いを必要としない農家はまれだった。

農作業がいかに過酷か、永遠にも感じられる日々の労働がどれほど辛いものか、経験した者でなければわからない。しかもその間、人間も家畜も、蚊や虻《あぶ》や羽虫の大群に執拗に攻め立てられるのだ。

翌年の一九三〇年、私たちの家族にもついに不幸が訪れる。私は十一歳だった。

最初の農民たちがシベリアに送られてから数カ月が経っていた。追放された農民たちから、村人宛に手紙が届き始めていた頃だ。彼らが耐え忍んだ恐ろしい試練の数々は、涙なくしてはとても読めなかった。道なき道を行く厳酷の旅、野蛮な看守たち、襲いかかるさまざまな病気。シベリアの奥地の村々の地元民たちがみせる敵意。現地の人々は、送られてきた農民と飢えて泣き叫ぶ子供たちに、猜疑心に満ちたまなざしを向けていた。

私の通うクーリャの学校では、農民の子供たちのあいだでのいさかいがエスカレートする一方だった。それまでの友情はたわいもない理由でこわれていった。子供たちは敏感な気圧計のように、迫り来る嵐を感知していたのである。

そして前年同様、党の担当者が再び私たちの村にやって来た。クラークから財産を没収し、新たな農民グループをタイガ［シベリアの針葉樹林］の果てに追放する準備を進めるために。

今回は、私たち一家の名前も富農のブラックリストに載っていた。あの恐ろしい冬の日のことを、追放される農家から差し押さえてきた牛や羊の群れで我が家の中庭がいっぱいになったあの日のことは、一生忘れないだろう。死を予感した家畜たちは皆、出口を求めて狂ったように走り回っていた。

突然、数人のいかつい大男たちが、斧や包丁を手に、我が家の敷地に入ってきた。私は生まれて初めて、斧のたった一撃で巨大な雄牛が倒されるのを目にした。牛たちはがっくりひざまずくか、またはドサッと横倒しになった。すかさず、喉が掻き切られる。牛は必死に起き上がろうとしたが無駄だった。血がドクドクと流れ出て、解体された乳牛や羊の内臓が柵の向こうに投げ捨てられる。まだ殺されずにいる子牛や子羊たちが、内臓の山の中で足をすべらせている……。身の毛のよだつ光景だった。だが、殺戮者たちはさも愉快そうに笑いながら、さらにもう一頭、身ごもっている雌牛を始末した。そしてこう言い放った。「持ち主を飼育の手間から解放してやってるのさ！」

最後に男たちは、我が家の雌羊を処分した。常軌を逸したこの狂気の行為を、私は夢中になって窓から盗み見ていた。すべてが終わったとき、我が家の庭には見るもおぞましい光景が広がっていた。父は、血の海に雪をかけるよう私たちに命令した。だが、どこもかしこも血だらけなので、菜園や隣の家の雪までかき集めなければならなかった。

私たちは知っていた。じきに私たち家族もこの地を去らねばならないことを。姉のニューラは、一年前に貧しい勤勉な農民と結婚していたが、もうひとりの姉のガーシャは、村一番の熱烈な共産主義者のひとりで、無神論者の地元組織を率いている男と結婚していた。ガーシャの夫は、私たちの父がずいぶん前にシベリア送りに認定されたことを知っていたので、ガーシャが私たち家族に会いに来るのを禁じていた。

かつてはあれほどまでに賑やかで活気に満ちていた我が家は、重苦しい沈黙に包まれた。話すときにも声をひそめた。庭の雄鶏でさえ、鳴くのをやめてしまったほどだった。

そしてついに出発の日がやってきた。干草を積んだ二台のそりが家の前に止まった。私たち家族は、持っていける荷物すべてをそりに積み込み、家を棄て、ほかのクラークの家族とともに見知らぬ土地へと出発した。

姉のガーシャは、夫に禁止されていたにもかかわらず、見棄てられた犬のように、泣きながらそりの後ろを追いかけてきた。母の涙に、私たちの胸ははり裂けそうになったが、父が低い声で何度も「もうやめろ、いい加減にするんだ！」と繰り返すので、私たちは恐ろしくて何も言えなかった。

結婚したばかりの兄ヴィクトルは、隣町に身を隠していた。民警が行方を探したが見つからず、私たちはヴィクトル抜きでシベリアに向かった。だが、すぐに「善意の」隣人が密告し、兄が身を寄せている家が明らかになった。この一件で兄は、白海・バルト海運河[3]の建設にあたる強制労働に七年間従事させられた。当初は三年の刑期を言い渡されていたのだが、三回脱走を企てたため（「自由の民」コサックの血が騒いだのだろう）、さらに三年、刑が延長されたのだ。六年の刑期が過ぎ、晴れて自由の身になった兄は、収容所を去るにあたり、所長にひとつだけ質問した。「どうして六年も強制労働をさせられたんですか?」。すると所長はこう答えた。「ということは、お前にはその理由がまだわからないのだな?」。所長はその場で釈放証書を破り捨てると、ヴィクトルを徒刑場に送り返した。一年後の釈放の日、兄はもう何も尋ねようとはしなかった。証書を手にすると、無言で立ち去ったのである。

（3）白海・バルト海運河　白海とオネガ湖を結ぶ運河。この運河の建設は囚人たちにとってとりわけ過酷な労働だった

女たちの悲痛な嘆きと子供たちの騒々しい叫び声が響くなか、私たち流刑農民の大部隊は、さまざまな試練を乗り越え、ようやくポスペリハ駅に到着した。駅では、家畜用の貨車で編成された列車が待ちうけていた。私たち子供は、これまで列車を見たことがなかったので、しばし立派な車体に目を奪われた。だが、次に待っていたのは大きな失望だった！

私たちが乗せられた貨車の重い扉はぴったりと閉ざされ、いっしょに乗り込んだ司令官の許可がなければ降りることは許されなかった。明かりは、わずかな隙間や小さな天窓から射し込む光がすべてだった。あるとき、新鮮な空気を吸おうと扉を開けた人がいたが、その人は兵士から半殺しの目にあった。私たちはまさに罪人扱いされていた。

父と母は、大きな鉄製のバケツを使って貨車の隅にトイレを設置した。毛布で目隠しされたこの簡易トイレで、暗闇と騒音に助けられ、何とか用を足すことができた。だが、もっとも辛かったのは、息苦しい空気と、溜まる一方の排泄物から発せられる強烈な悪臭だった。バケツの中身を空けることができるのは、停車中、貨車の引き戸が開けられたときだけだ。だが、私たちは走行中でもバケツを空にする方法を思いついた。ストーブのなかに投げ込み、燃料にしたのだ。こうして、すっかり汚れ切った空気は少しだけ息苦しくなくなった。

旅は一週間続き、列車は目的地のタイガ駅に到着した。ようやく列車から解放された私たちは、駅からそう遠くないバラック小屋に一時的に収容された。私は移送中に体調を崩していたため、医者が診察にやって来た。このまま旅を続けるのはいやだったので体温計に細工しようとしたのだが、まずいことに強く振りすぎて壊してしまった。

二日後、わずかな食糧が配給されたあと、私たちの長いそりの列は、ひげの生えた男たちに連れられて、バクチャル地方に向かった。そこがどんな場所なのか、誰も知らない。私たちの質問に看守はただ「国家機密だ」という答えを繰り返すばかりだった。

ある日の明け方、私たちは、二、三の家族ごとにグループに分けられはじめた。治安上の理由からだろう。追放民たちが結託して、反乱を起こすことを恐れたにちがいない。グループ分けには半日かかった。自分たちがどこに連れられて行くのか、誰にも見当がつかなかった。ようやく旅が再開されると、私たちは、太陽の位置から自分たちが向かっている方角を割り出そうとした。向かっているのは北西の方角だった。夜遅く、一行は大きな町、トムスク(4)の手前に着いた。私たちは町を迂回し、高い塀で囲まれた場所まで連れて行かれた。そこには、三、四棟の粗末なバラック小屋が立ち並んでいた。

看守のなかでひとり、私たちと親しくなった者がいて、これからトムスクよりさらに百八十キロ離れた場所まで移動するのだと教えてくれた。この距離はあくまで冬の移動の場合であり、

（4）トムスク　西シベリアにある都市で、ノヴォシビルスクの近く

夏には五百キロの距離を移動しなければならないらしい。夏には沼地が通行不能になって近道が使えなくなってしまうからだ。だが冬は冬で日が短いため、一日に四十キロしか進むことができなかった。あるときは徒歩で、あるときは馬を使って行われたこの移動には、結局一週間近くかかってしまった。飢えと厳寒にもかかわらず、私たちは無事に追放の地、ニージュニャヤ・マホヴァーヤにたどりついた。ここでいつまで暮らすことになるのかは誰にもわからなかった。「期限など決まっていない」と言われていたからだ。現在もなお、彼の地に暮らす追放家族がいる。同級生の多くもそこに住んでいる。私はといえば、後で述べるように、二度目の脱走以来、この村に一度も戻っていない。

ニージュニャヤ・マホヴァーヤはそれほど監視の厳しい地区ではなかった。当局は各世帯主に対して、定期的に民警のところに出頭し、報告を行うことだけを義務づけていた。

一九三六年になって新しい憲法（スターリン憲法）が制定され、ようやく追放農民すべてに市民権が回復された。これによって追放農民に対して国政選挙に参加する権利が与えられた。だが、新しい条文は空文でまったく実効力をもたないものだった。

地元の民警は、私たちはもはや自分たちを「同志」と呼んだり、また彼らに対して「同志」と呼びかけたりする権利はないと言い渡した。そして、こうも付け加えた。「過去のことはすべて忘れなければならない。これからは森に住むオオカミがお前たちの仲間だ。そして我々がお前たちを指導する『市民のリーダー』だ。そのことをしっかり胸に刻んでおくように」

私たち家族に割り当てられた家には、すでに、信仰の篤い、年老いたキルジャーク[5]の一家が住んでいた。私たちに対する彼らの態度は、敵意を含んだものだった。無理もない。私たちはよそ者で貧しく、子供が五人もいたのだから。彼らは、自分たちの菜園が荒らされるのではないかと警戒していたのである。

だが、そうした彼らの不安は払拭された。父が私たちに、みんなの模範となるよう厳しく言い聞かせていたからである。その甲斐あって、「追放農民」という言葉は、じきに「特別入植者」という言葉に換わっていった。

子供たちは開かれたばかりの学校に通い始めた。だが春が来ると、畑仕事の準備にとりかからなければならなかった。とにかく、何か作物の種をまかなければならない。私たちの手元にある道具は、いまや斧と鋸《のこぎり》とスコップだけだった。それだけを使って、林間の空き地を抜根し、鋤《す》いて、手で種をまき、土をかぶせなければならないのだ。気の遠くなるような作業だった。しかも、蚊や羽虫の大群が作業を妨害する。頭部を蚊帳で覆ってみても、虫の襲撃から身を守ることはできなかった。

(5) キルジャーク　正教会から分離し(十七世紀)、以後、公的な教会勢力から独立して暮らしてきた宗教共同体のメンバー

歩き始めたばかりの幼な子から最高齢者にいたるまで、農作業には例外なく全員が参加した。非人間的な環境のなかでなんとか生き延びるための闘いだったからだ。

小麦を育てたり、野菜を植えたりするのに、種が必要なのはいうまでもない。だが、どうやって手に入れたらいいのだろう? 私たちは、とりあえずはなくても困らない衣服や雑多な品々をかき集め、貴重な種と交換した。

農民というものは、いつでも豊作を期待するものだ。まさにその望みにすがって生きているといってもよい。この新しい土地で何がなんでも収穫を得ることは、私たちにとってはまさに生死にかかわる問題だった。

忘れられない出来事がある。ある日、私は大麦を鎌で刈っていて、運悪く左手の指を切ってしまった。だが、そのときの手当ては、巻きタバコの灰を傷口にパラパラと振りかけただけだった。このことに象徴されるあの時代の辛さを、私は一生忘れないだろう。

一九三〇年末、こんな生活でもやっとひと息つけそうになった矢先、大きな不幸が私たち家族を襲った。悲嘆と過酷な労働と窮乏生活に疲れ果てた父が、力尽きて死んだのだ。まだ四十七歳だった。

父はいつも私たちの良き手本になろうと努力していた。「手が汚れることを嫌がるな。真っ黒な手が真っ白なお金を呼び寄せるんだ」と父は口癖のように言っていた。つまり、労働はかならず報われる、ということだ。父は私たち家族のために、この白いお金を喉から手が出るほど欲しがっていた。母は「苦労のせいで死んだんだ」とすすり泣き、不幸にすっかり打ちのめされた。なにしろ、敵意に満ちた人々に囲まれたこの荒涼とした大地で、育ち盛りの五人の男の子を抱えたまま、夫に先立たれてしまったのだ。

その年の冬の寒さは、例年になく厳しいものだった。父が死の床にあったとき、外では雪嵐がふぶいていた。父の死後も嵐は猛威をふるい、私たちは外に出ることができなかった。父の遺体は丸一週間、家の中でもとりわけ寒い部屋に安置されることになった。ある日私は、寒さに震えながら、父の遺体が寝かされている部屋まで行って耳をそばだてた。父の歌が聞こえてくるような気がしたからだ。だが悲しいことに、父はもう、『聖なるバイカル湖』を歌ってはくれなかった。コサックが野山を縦横に駆けめぐるという詞のあの歌が私は大好きだった。聞こえてくるのは、家の周りで吹きすさび、白樺の樹皮で葺《ふ》いた屋根を吹き飛ばさんばかりの勢いで荒れ狂っている雪嵐の音だけだった。私がずいぶん長いあいだ父の遺体のそばに行ったきりなので、母親が心配してやって来た。「だいじょうぶかい、涙が凍っているよ」

ようやく嵐がおさまった。馬は鼻先まで雪に埋まりながら、たいそう苦労してそりを引っ張った。棺は狩人用のスキーにのせ、墓地まで運ばなければならなかった。私たちは雪の中をよろめきながら棺を引きずった。涙が頬の上で凍っていた。当時、一番年上のイワンは十六歳だった。その後を、十四歳のアンドレイ、十一歳の私、十歳のワシーリィと続き、一番幼いニコライはまだ四歳だった。

父のいない家は、空っぽになってしまったようだった。何でも知っていた頼りになる父。そんな父を失って、この先どうやって生きていったらいいのだろう？　父は自分の知識や知恵をきちんと子供たちに伝える暇もなく、この世を去ってしまった。

私は学校に戻った。だが、勉学を続けるには、十五キロ離れた隣村まで行き、平日のあいだはその村に滞在しなければならない。冬の晴れた日は、学校までの道のりも楽しかった。だが、春や秋となると話は別だ。沼地に落ちないように丸太の上を歩くのだが、絶え間なく襲いかかってくる羽虫や蚊の大群を追い払いながら、うまくバランスを取って進まなければならないからだ。

のちに兵役に就いているとき、サーカスを観に行ったことがあったが、自分の十八番《おはこ》であるはずの芸に失敗した綱渡り芸人に向かって私は心の中でこうつぶやいた。「ああ、こいつも、ニージュニャヤ・マホヴァーヤ暮らしを経験していればな」。綱渡りなら、私がコツを伝授してあげたいくらいだった！

ヴォロニハの学校では、教師も生徒と同じく、追放された人々だったが、とても優秀だった。教師たちは私たちに教えるためにできる限りのことをしてくれた。今になって私は、その献身ぶりに対して感謝の気持ちを表さなかったことを後悔している。

教師たちの苦労は実際大変なものだった。なにしろ、生徒たちの出身地はばらばらで、教科書もノートもないどころか、紙切れ一枚も持っていなかったのだから。結局、ノートは白樺の樹皮で手づくりのものを使ったが、つぶされた蚊による血痕であっという間に汚れてしまった。教科書も白樺の樹皮でできていた。本当に必要なものが足りないときには、人間は頭を使ってなんとかするものだ。

何年か経って、母は近所の男性と再婚した。相手も三人の子持ちで、娘二人と息子が一人いた。ウクライナ人のその男性は、親切で働き者だった。だが、私は、我が家にその男を迎え入れるのがどうしても嫌だった。殺害計画を練ったほどだ。夜になると、枕の下に斧を置いて寝た。ある朝、ついに実行に移そうと決意したのだが、幸いにも、義父はすでに働きに出ていた！　だが本当は寛大で忍耐強い人だったので、私たちもだんだんと義父を慕うようになった。やがて、私たちは新しい丸太小屋を建て始め、力を合わせて、天井と床用の厚板に鋸を挽いた。義父は実の子供たちと私たちをまったく分けへだてなく扱ってくれたので、その後、私たちはとても仲の良い家族になった。

脱走――さらば、シベリア……

私は生まれ故郷の村が恋しくてならなかった。

こんな生活は続けられないと思い、一九三四年、姉を頼って故郷の村に帰ろうと決意した。向こうのほうがましな暮らしができそうだったからだ。

初めは引き止めようとしていた母と義父も、じきに、私を説得しても無駄だと思ったようだ。反対に、旅に必要になりそうなものをあれこれ用意してくれた。そして、義父は私にこまごまと注意を与え、辿るべきルートをざっと記した簡単な地図を私のポケットに押し込んだ。

夏の暑い日だった。私は家族全員と抱擁を交わしたあと、クーリャの村に帰る長い旅に出発した。それはタイガやステップ地帯［温帯内陸の樹木のない乾燥草原］を横断する旅だった。出だしは順調だった。幸運にも同じ年頃の少年たちと出会ったからだ。二言、三言交わしたあと、私は彼らに即興で詩を詠んだ。

ペーチャの仕事は大変だ
雌牛の世話をまかされた

するとの少年のひとりが、自分の名前は「ペーチャ」ではなく、「イワン」だと教えてくれた。それではと、私は「ペーチャ」を「イワン」に置き換えた。

イワンの仕事は大変だ
雌牛の世話をまかされた
牛たちは、イワンが寝るのを待っている
置いてけぼりにするのを待っている

少年たちは面白がった。そしてついには、この「文学の夕べ」を続けさせるために、私を自宅に招待してくれた。まるで古き良き時代のように……。その少年の家族は私に食べ物と寝床を提供してくれた。こういう親切は、いったいどこから生まれてくるのだろう？　見ず知らずの人を家に泊めるなどということは、現代ではもう考えられないだろう。
当時の私はまだ世間知らずだった。旅に出てから五、六日たったある日、リュックサックを背負い、太い棒を手にした中年の男に出会った。旅の道連れになったその男は、私にいろいろな話を聞かせてくれた。私はそれをすべて真に受け、すっかり彼を善人だと思い込んでしまった。

土曜日の晩のことだった。私たちは、ある村の入り口に着いた。そこで私は、いつものように農家に一晩泊めてもらおうと思い、そう言ってみた。だが、男はこの提案をきっぱりと却下した。民警に捕まって、刑務所に送られてしまうかもしれないというのがその理由だった。彼は残りもので飢えをしのごうと言い出し、その後、ひとりで村の様子を見に行った。いくら待っても帰ってこないので私が置き去りにされたのではないかと思い始めた頃、彼はようやく戻ってきた。安全な場所が見つかったという。それは農家の中庭にある廃屋となった倉庫だった。持ち主の許可も得ずに勝手に使うのは気が進まなかったが、男を思いとどまらせることはできなかった。結局、その晩は二人でそこに泊まった。ところが、翌朝起きてみると、私のリュックサックが男とともに消えていた。私はすっかり途方に暮れてしまった。

泣きべそをかいていると、農家の人がやって来て、うちの納屋の近くで何をしていたのだときかれた。すべてを正直に話すと、その人は私を不憫に思ったのか、自宅に入れてくれた。そして私の軽率さにあきれながらも、食事を出してくれ、さらには、旅に必要な食糧さえも分けてくれたのである。

だがその食糧が底をつくのもあっという間だった。旅の道のりはまだまだ長い。空腹感は、次第に激しくなっていく。どうしよう？　盗みなど問題外だ。そのとき私は、クーリャの村に物乞いをしに来ていた人々のことを思い出した。母はよく「あの人たちをじっと見るんじゃないのよ」と注意していた。他人にじっと見られないのなら、物乞いをしてもさほど恥ずかしくないかもしれない。だが、そのためには憐れを誘うセリフも考え出さなければならない。やはり、そんなことはできない。そんなことをするくらいなら、飢え死にしたほうがましだ……。

旅の途中に通り過ぎる村は、どこもかしこも貧しく、住民たちには施しをする余裕などとてもありそうになかった。私も、手を差し出して物乞いする言葉をどうしても口にすることができないでいた。ある日、やさしそうな顔をした老婆が近づいて来て、私に穏やかにこう言った。

「坊や、盗みは罪で恥ずべき行為だけど、物乞いはそうじゃないよ。神は慈悲深いんだ。見栄をはるのをやめれば、ことは簡単さ!」

あとになって私は、なぜ老婆がみずから私に施しをしなかったのか考えてみた。今でもときどき、あの謎めいたバブーシュカ（おばあちゃん）のことを考える。善意に満ちた顔、やさしいまなざし、心にしみいる声……。私はあの老婆に命を救われた。その後、物乞いをする手つきで、私はなんと言ったのか、今ではそれすら覚えていない。唯一記憶にあるのは、恵んでもらったパンを飲みこむ前に、まず涙を飲みこんだことだ。それはパンよりも、ずっとずっと硬いものに思われた。

こうして一週間旅を続けた後、ようやくタイガ駅にたどりついた。そこでポスペリハ行きの貨物列車にこっそり乗りこんだ。さらにポスペリハからクーリャまで、六十五キロの道のりを歩かなければならなかった。

夜遅く、私はクーリャの隣村に住んでいる姉のニューラの家のドアを叩いた。私を見た姉はびっくりして、半信半疑のまま「本当にミーシャなの？」と繰り返した。長く厳しい旅路をたったひとりで戻ってきたとは、信じがたかったのだ。姉は私を質問攻めにした。お母さんはどうしてる？　ほかの兄弟たちは？　お義父さんはどんな人？……。私はすべての質問に辛抱強く答えた。

姉の家で居候になるのだけはいやだった。そこで、二週間ほど休みをとると、働き口を探すことにした。力のいる農作業にはまだ小さすぎたが、木材を伐採するときに枝木を切る仕事ぐらいなら、私にもできた。兄のヴィクトルと結婚した義姉の家にも何日か世話になった。ある日、私は、兄に宛てて書いた手紙を机の上に置き去りにして働きに出てしまった。その手紙に私は兄の子供について書いていた。兄が家を出た後に生まれた子だが、どこか障害をもっているように見えたのだ。この手紙を読んだ義姉は激怒し、非情にも私をその家から追い出した。だが、私は悪いことをしたとは思っていない。真実を書いただけなのだから。

実際、クーリャの村に私の居場所はなかった。姉たちの家にも、ほかの場所にも。

そこで私はシベリアに戻ることにした。シベリアには友人がたくさんいたし、勉強を続ける必要もあった。クーリャの村を去る前、最後にひと目だけでも、私たちの家があった場所を見てみたいと思った。家はすでに焼き払われて跡形もなく、記憶の中で過去をよみがえらせるのに苦労した。私の様子を見ていた近所の人たちは、のちに姉のガーシャにこう言った。「ミーシャがお前さんたちの家があった場所で、何か探しものをしていたぞ。あれは金《きん》にちがいない」。姉はこう反論した。「家族が発った後、ジャガイモでも残っているんじゃないかと思って家を見に行ったけど、なんにもなかったわ。地下室までめちゃくちゃに荒らされていたのよ」。

そんな状態だというのに、いったいどこから金の話が出てくるのだろう？

灰燼《かいじん》と化した我が家の前で、私の頭に浮かんだものは金ではなかった。ヴォロニハの学校で白樺の樹皮に書き写したセルゲイ・エセーニン(6)の詩について考えていたのだ。

　ここでは誰ひとり、私を知る者はない
　友でさえ、私のことを忘れてしまった
　そして我が家があった場所では
　灰がくるくると宙を舞っている

(6) セルゲイ・アレクサンドロヴィチ・エセーニン（一八九五〜一九二五） ソ連の詩人。「イマジニスト」を宣言し、十月革命を称えた。アメリカ人ダンサー、イサドラ・ダンカンと結婚。一九二五年に自殺した当時の私にとってこの詩は金よりもずっと価値のある大切なものだった。今でもそうだ。

こうして私は、もう一度旅に出た。ポスペリハまでトラックに乗り、タイガ駅までは問題なく到着した。だが、今回の旅では、三カ月前に歩いたはずのルートがずっと厳しいものになった。小川の水を飲んでいたからだ。早、二日目にして猛烈な腹痛に見舞われ、旅を続けることができなくなった。這うようにして民家にたどりつくと、階段の踊り場付近に倒れこみ、そのまま昏睡した。しばらくして目を覚ますと、傍らに二人の老女がいた。二人は私の症状を知ると、それはそれは苦い水薬を持ってきた。その苦さは今でも忘れられない。晩にもう一杯その薬を飲み、お粥と紅茶もご馳走になった。寝場所には、快適な干草小屋をあてがわれた。翌朝もう一度同じ薬と紅茶をもらい、旅を再開した。

すっかり体力が衰えてしまった私は、少し歩いては何度も立ち止まって呼吸を整えなければならなかった。ニージュニャヤ・マホヴァーヤに着いたときはまだ日暮れ前だった。だが、こんな明るいうちから村を歩きまわるわけにはいかない。村中の人が私のことを知っているからだ。そこで、焚き火をして夕暮れを待つことにした。一日がたいそう長く感じられた。焚き火の煙などおかまいなしに、蚊の大群が執拗に襲ってきた。ようやく日が落ち、私はついに、我が家の敷居をまたぐことができた。

母が出してくれた食事を口にしながら、今度は母から、姉たちや兄のヴィクトルについて質問攻めにあった。ひと通り答えると、私は納屋へ上って行った。ベッドと蚊帳があったその部屋で、私は兄弟たちと夜明けまで話し込んだ。

こうして私の最初の旅は終わった。いったい何キロの道のりを移動したのだろう？　こんなに苦労を重ねたのは、何のためだったのだろう？　最初の旅については、パスポートもなく準備が不十分だった。なにせ、まだ幼すぎたのだ。

パスポートを得るには成人になるまで待たなければならない。申請したところでおそらく却下されるだろう。だが、どうしてもパスポートが必要だった。どうしたらいいだろう？　どうしてもクーリャの村に帰りたい。そのためにはパスポートの取得に必要な書類をきちんと持って帰らなければならない。書類には、村会のサインではなく地方の行政当局のサインが必要で、専用の用紙を使い、検印と国の印章が押されていなければならなかった。

そこで私は、必要な印章類を自分でつくろうと思い立った。納屋には私専用の作業場があった。そこでは、普段は白樺の皮を使ってさまざまな容器をつくっていた。家には食器類が足りなかったし、買うお金もなかったからだ。ひとりで引きこもることができるこの納屋は、印章づくりにはもってこいだった。

私はすっかり無口になっていた。その様子に不安になった母は、何をそんなに悩んでいるのか、なぜそんなに長時間作業場にこもっているのかと私を問い詰めた。だが、私は絶対に口を割らなかった。そしてついに満足のいく結果が得られる段階までできた。

計画の仕上げには、信頼できる共犯者が必要だった。二歳年上の友人、ガブリール・ボンダレンコ。コルホーズの事務所で会計係として働いていたガブリールもまた、ここから逃げ出すことを夢見ていた。それまで私はしばしば彼の仕事に協力してきた。今度は私が頼む番だ。ガブリールに検印と国の印章のついた未登録の書類を持ってくるように頼んだのだ。書類を持ってきたガブリールは、必ず返却するようにと何度も念を押した。「もちろんさ」と返事をしながら、私は彼に、さらに申請用紙も何枚か調達してほしいと頼んだ。私はガブリールから受け取ったこの宝物をしっかりと胸に抱え、いそいそと作業場に上っていった。

それから何日かかけて、当局の印章と検印を偽造した。完成した印を押した書類をガブリールに見せると、彼は私の言葉を信じようとせずに、この書類をどこから入手したのかと何度もきいた。私の偽造書類は本物と見分けがつかないほどの出来ばえだったのだ。これこそ私の最初の発明であり、自由への第一歩だった!

この書類があれば、生まれ故郷の村に帰り、パスポートを取得し、働き口を得ることができる。だが、この夢を実現するには、先立つ金が必要だ……。では、今度はその金を稼ぐために、この書類を売るというのはどうだろう? 故郷の村に帰ることは、追放された人なら誰もが抱く夢だった。

そこで私たちは、知り合いがまったくいない村に足を運んだ。筆が達者なガブリールが書類に必要事項を記入し、その書類を追放民たちに売りさばいた。私たちは、こうして小金を稼ぎ、村を離れる具体的な計画を練ることができるようになった。

今回は両親も、私を思いとどまらせようとしても無駄だと最初からわかっているようだった。それでも心配でたまらない母は「最初の旅であんなに苦労したのに！」と繰り返した。私は反論した。「自由を求めて旅立つんだ。泣くことじゃないよ」。だが私がそう答えるたびに母は泣きながら言った。「その自由だって実際にはどの程度のものか、しれてるじゃないか！」

一九三六年のある朝、周到な準備を終えた私たちは村を出た。墓地のそばを通り過ぎるとき、私はガブリールに、父の墓に立ち寄ってもかまわないかときいた。「もちろんさ。僕も君の父さんのことはよく知っていたよ」。名前が消えかかっている木製の十字架は、雑草に埋もれ、見つけるのに苦労した。私たちは無言で祈りを捧げた。それから私は涙ながらにこう呼びかけた。

「ごめんね、父さん！　僕は自由を求めてここを出る。どうか幸運を祈って下さい！」

ガブリールと私は黙々と歩き続けた。突然、野ウサギが林から飛び出してきた。大胆不敵な野ウサギは私たちの目の前を走り回ったかと思うと、ふいに姿を消した。その様子は、銃を担いでいる私たちをからかっているようにも見えた。愉快な姿だった。だが、なぜウサギは急に逃げ出したのだろう？　百メートル行くと、キツネの足跡があった。なるほど、キツネの気配を感じて、ウサギはすばやく逃げたのだ。動物は慎重だ。慎重であることが、生き延びるための唯一の方策なのだ。私たちも用心深く行動しなければならないとウサギから教わった気がした。

数キロ先に最初の村が見えてきた。村を通過するときには、私は牢屋に向かう罪人のふりをして前を行き、銃を手にしたガブリールが護送人に扮してその後ろについた。

村を出るやいなや、私たちは茂みの中に飛び込み、「作戦成功！」と興奮しながら、腹がよじれるほど笑った。そして食事を取ることにした。まだほかほかと温かい焼いたジャガイモに酢漬けのキャベツ、それにキュウリとパンとクレープ。クレープが好物だった私のために、母が何枚も焼いて、白樺の皮でできた容器に入れて持たせてくれたのだ。その容器は私がつくった最後の作品であり、もっとも美しい作品でもあった。

出発の前に、私たちはそれぞれの家族に、二人が村を離れることは決して口外しないようにと念を押しておいた。そして、危険を冒さずに村々を通過するための演出、つまりこの「囚人と護送人」を装うためだけに、古い安価な銃を購入した。私たちの姿を見ながら、女たちは大声をあげた。「おやまあ、まだあんなに若いのに、人の道を踏み外してしまったなんて！　世の中いったいどうなっているのかねえ」。私たちは、ゲームのようにその囚人ごっこを楽しんでいた。だが、ある日のこと、役所の前を通りかかると、激しく議論していた騎兵たちが私たちの姿に気づき、ガブリールに大声で「おい、悪党をちゃんと護衛するんだぞ！」と声をかけてきた。私たちは自然に早足になった。すると、「やつらの身分証を確認しろ！」という命令が聞こえてきた。私たちは間一髪のタイミングで、鬱蒼とした森の中に逃げ込んだ。そして夜がくるまで、そこにじっと身を隠していた。翌日、銃を捨てることに決めた。これまで何度となく私たちを救ってくれたこの銃を川に流したのだ。

五日目、ガブリールの家族が住んでいた村に到着した。「まあ、見違えるほど大きくなって！」。ガブリールの叔母さんたちは涙した。ここでも質問の嵐だった。「みんな、どうしてるんだい？　お前の弟は？」。ガブリールは詳しく近況を語った。私も注意深く耳を傾けた。またひとつ耳にする、追放家族の苦難の物語……。翌朝、ガブリールは民警のところへ行き、パスポートの発行を申請した。私は不安でたまらなかった。ガブリールは帰ってくるなり、私のところに飛んできた。「明日、パスポートがもらえるぞ！」。嬉しくて涙が出そうになった。だがすぐに疑問が浮かんだ。「なんで明日なんだ？　なぜ今日もらえない？　確認でもするのだろうか？」

その晩は眠ることができず、私たちは、ああでもないこうでもないと、さまざまな可能性と選択肢を並べ立てて悩み続けた。だが無事に、ガブリールには仮のパスポートが交付され、二人で私の生まれ故郷の村に出発することができた。その後まもなく、私も仮のパスポートを手に入れることができた。

クーリャの村に着いた私たちは働きはじめた。農業機械を扱う施設で、ガブリールは会計係として、私は検査員として採用されたのだ。だが、それから間もなく、ある事件をきっかけに、私たちは村を去らねばならなくなった。その出来事が、私の運命を変えることになった。

シベリアからクーリャまで帰る途中、ガブリールの住んでいた村に寄り道をしたとき、私たちはガブリールが自宅に隠しておいた一丁の拳銃を回収した。その後、クーリャの村に着くと、私たちは姉のニューラの家に行き、そこにしばらく滞在させてもらおうと思い、拳銃を姉の家の地下室に隠した。だが、私たちが拳銃を隠すところを目撃されてしまったのか、あるいは、ほかの少年たちにその拳銃を見せびらかしたのが災いしたのか、誰かが民警に密告したのだ。私は逮捕された。ちょうど年末だった。村の警察署に三、四日拘束され、そこで厳しい取り調べを受けたのだが、私はかたくなに否認し続けた。拳銃を所持していることを絶対に認めたくなかったので、トイレの窓から外に出られるかもしれない……などと、脱走することさえ考えた。結局、年末だったことが幸いした。警察が、新年を祝うにあたり、私を一時的に釈放したのだ。事の重大さに気づいた少年が、新年を迎えたあと、すぐに拳銃を引き渡すだろうと予想していたのだろう。だが私は、何がなんでも拳銃は渡すまいと決めていた。拳銃というものに、すっかり心を奪われていたからだ。ガブリールも私も、拳銃を渡さなければどういうことになるかある程度わかっていた。そこで私たちは村を出ることにした。逃走する道を選んだのだ。

この一件とこの拳銃をきっかけに、私の銃器に対する情熱が生まれたのだろう。

これまで、ドイツ人に対抗するために銃器の設計者になったと何度か話してきたが、これは百パーセント正しいとは言えない。ドイツ人との戦争よりもずっと前に、私は、拳銃に対して、まるで兄弟のような愛着を覚えていたのである。拳銃がどんな風にできているのか、どういう仕組みで動くのかといったことを、どうしても知りたかった。分解しては組み立て直す作業を何度も繰り返し、一つひとつの部品を磨き、ていねいに油を差した……。弾丸もあったので、射撃に熱中したこともある。村を離れる決心をしたとき、私たちは拳銃をばらばらに分解し、逃走する道すがら、誰にも組み立てられないようにあちらこちらの森に分散して捨てた。涙をこらえ、後ろ髪を引かれる思いで、私は拳銃を捨てた。銃を所持している罪で民警に捕まるのが、たまらなく恐ろしかったからだ。個人で銃器を持つことは固く禁じられていたのである。

ガブリールと私は、ガブリールの兄が鉄道員として働いているカザフスタンに向かうことにした。彼に手紙を送り「仕事を見つけてやる」という返事を受け取っていた。

カザフスタンに着くと、鉄道機関区にある寝台車両に寝泊まりした。私たちにはうってつけの宿だった。私は当時、共産党の青年組織『コムソモール』のメンバーだった。ある日、私は機関区の政治局に呼び出された。パニックになって恐る恐る事務所をたずねた。すると、技術秘書の仕事をしないかと言われた。なんでも、きれいな字を書く、というのがその理由らしかった。私は結局そこに二年間勤め、おもに電話の応対や書類作成に従事した。だが、シベリア送りになっていた過去が発覚するのではないかという恐怖が頭を離れることはなかった。

★★★

これまでにも何度か、若かりし日のこういったエピソードを語ってみたいと思ったことがある。だが、そのたびに思い直した。危険を招くことなく、私の人生の一部をつまびらかにすることなどできるのだろうか、と考えたからだ。事実を明らかにしていたら、私の人生はおそらく別のものになっていたはずだ。というのも、武器製造ほど秘密が求められる分野はないからだ。過去を赤裸々に語るような人間は、そういう仕事に就く資格すらないと見なされただろう。

信じられないかもしれないが、子供たちや孫たちや、もっとも近しい肉親にさえ、このような過去を語ったことはない。ゴルバチョフはあまり好きではないが、こうして、私の人生の隠された悲劇を公に語ることができるようになったのは、ペレストロイカのおかげだということは認めなければならない。ペレストロイカのおかげで、自分の過去に正面から向き合い、後ろ指をさされることを恐れずに、親しい人々に過去を語ることができるようになったのだ。

私が愛してやまない祖国。その祖国が最も辛い状況に陥っている時期でさえ、祖国に奉仕することを許してくれたこの運命に、私は今、深く感謝している。

第二章　一介の兵士から銃器設計者へ

1938年（当時19歳）、狩猟へ出かける
カラシニコフ（写真右）

若きカラシニコフが軍隊に招集されたとき、ソ連軍はまだ「RKKA」（「労働者・農民赤軍」を意味するロシア語の頭文字を取ったもの）と呼ばれていた。この軍隊はレーニンと、さらにトロツキーによって一九一八年に編成され、一九四六年になるまでこの名称で呼ばれていた（トロツキーの名は、一九二〇年代末には歴史の教科書から完全に抹消され、人々の口の端にのぼることすらなくなった）。

労働者・農民赤軍は、当初、党の呼びかけに応じた志願兵から成る軍隊だったが、創設から四カ月で徴兵制となり、制度はそのまま維持されることになる。今日（二〇〇八年現在）でもなお、若いロシア人は十八歳になると二年の兵役を義務づけられている。

カラシニコフの入隊は一九三八年のことだが、その少し前、トハチェフスキー元帥を含む八百人の高級将校が逮捕され、そのうちの大部分が銃殺されている。大量の赤軍関係者を粛清し、軍最高司令部の「総入れ替え」が図られた時期だった。ソ連軍の戦力は脆弱《ぜいじゃく》であるという一般的な見方とは裏腹に、軍の中にはドイツの戦力を凌駕する部門がいくつか存在した。たとえば、あの有名な戦車「T34」には、敵の戦車をも上回る完成度を備えた機材が搭載されていた。その一方で、個々の兵士が持つ武器や弾薬は不足していた。(1) ジューコフ元帥は回想録の中でこう語っている。「信じられないことに、我々は弾薬の補充をしつこくせがまなければならなかった。戦いのさなかにあっても、一日に使用できる弾薬は弾倉二つ分までという命令が出されていたのである」

第二次世界大戦の前夜、スターリンが自ら指揮していたソ連軍は、五百万人の兵士で編成されていた。一九四一年六月にナチスドイツとのあいだで戦争が勃発したときも、軍幹部の人員不足が深刻な問題となっており、ソ連軍が苦戦を強いられた要因のひとつとされている。電撃戦を計画したドイツ軍司令部は、オリョール方面のブリヤンスクの前線に対して「台風作戦」と名づけた軍事作戦を開始した。

この戦いによって、戦車長だったカラシニコフ軍曹は負傷し、敵の陣地内に取り残されてしまった。ブリヤンスクの前線を突破する形で兵を進めたことは、モスクワに向かうドイツ第三帝国の進軍速度を落とす結果となったが、ドイツの戦時公報は、六十三万人の捕虜を得たことを誇らしげに報告している。だが、重傷を負っていたカラシニコフは、まれに見る幸運によって敵地から逃れ、一九四一年十月、軍の病院に収容された。

同じ年の初め、ジューコフは西部戦線軍の司令官に任命される。そして一九四二年八月以降は、唯一の最高司令官補佐となった。スターリンはおそらく自身の無能を意識してい

（1）ゲオルギー・コンスタンティノヴィチ・ジューコフ（一八九六〜一九七四）元帥。第二次世界大戦中、ソ連軍において中心的な役割を果たした軍人。一九四五年五月にドイツの降伏文書に副署した。スターリン、次いでフルシチョフに登用されたものの、その国民的な人気を理由に疎まれた

たのだろう、軍事的な決断を下す前には必ずこのジューコフに意見を求めるようになる。一九四二年秋、ジューコフ将軍（一九四三年、元帥に昇格）はスターリングラードにおけるドイツ軍包囲作戦を立案し、戦局の行方を決定づけたこの戦いに勝利するのである。

退院したカラシニコフは、この間、戦線の後方にあって、さまざまな銃器の試作品や、特に、のちに世界中に知られることになる未来の「ＡＫ47」について研究を重ねていた。前線の後方の体制こそが勝利に決定的な要素であり、ソビエト連邦内の東部に位置する共和国がそれぞれ貴重な貢献を果たした。製造業に携わる二千五百を超える工場とエンジニアの半数がこれらの共和国内に活動の場を移した。工場での武器の生産は、前線で被《こうむ》った物的損失を補塡するものでなければならない。女性、高齢者や退職者、子供まで、すべての国民が動員され、交替勤務制を敷くことで工場は二十四時間フル稼働した。強制収容所の囚人たち（知識人、エンジニア、技術者、設計者など）も、鉄条網の内部で、ソ連の勝利に貢献しようと懸命に働いた。

また、多くの将校たちが釈放され、逮捕前の階級を保持したままそれぞれの部隊に復帰している。祖国防衛のための基金には市民から多くの寄付が集まり、給料の一部が自発的に基金に提供されていた。勝利のためならどんな犠牲も厭わない……。人々は自分たちの大切な財産をなげうったのである。

カラシニコフはといえば、寸暇を惜しみ日夜研究を重ねていた。自らの手で設計した武器が、祖国防衛に役立つことを願いながら……。

最後から二人目

一九三八年の秋、私は西ウクライナのストリー市で兵役に就くことになった。当時、ソビエト軍は「労働者・農民赤軍」と呼ばれていた。

新兵の入隊式で私は担当者に自己紹介をし、機械工作に対する情熱とその分野での自分の能力をアピールした。シベリア時代、学校にはすばらしい物理の先生がいて、私を応援してくれた。私は「永久機関」もどきの装置をつくり、ある日それを見せたところ、先生はとても驚いた。私に言わせれば、その装置は、完全なる成功まであともう一歩という出来だったにもかかわらずだ。

私は戦車の操縦士兼整備士を訓練する部隊に配属され、軍事テクノロジーを始めとするさまざまな科目を学習した。下士官たちは、制服が清潔か、規律が守られているか、行進の歩き方はきちんとしているかといったことにひどくこだわっていた。私は背が低かったため、行進のときにはいつも列の最後から二番目につけていた。上級曹長は、そんな私を明らかに見下していた。何かにつけ小言を言い、「最後から二人目」という不名誉なあだ名をつけ、あら探しばかりしていたのだ。曹長に対して私は反抗的な態度をとったので、しばしば追加の雑役を課されることになった。兵舎の床みがき、便所掃除、誰もいない中庭でのひとりぼっちの行進……。ときには、まったくナンセンスな仕事をさせられることもあった。たとえば、自分のベッドをぐちゃぐちゃにしてまたベッドをつくり直す、それを百回繰り返すといった仕事だ。ばかげた罰則を考え出す点においては、私の上官は実に想像力豊かだった……。それでも、私の反抗的な態度は変わらなかった。

兵舎の壁には、私たちの部隊の日常生活を紹介する一種の週刊新聞が貼り出されていた。例の上級曹長はあるとき、この掲示物の編集長に、ひとりで中庭を行進する「最後から二番目」（つまり私のことだ）をモデルに、漫画コンクールを開催したらどうかと提案した。それを知った私は、自分と自分の「欠点」をあげつらった滑稽きわまりない詩をつくった。この作品を気に入った編集部は、私のことを描いた漫画の下にこの詩を掲載した。ある夜、上官はこの詩をからかうような口調で読み上げ、みんなの笑いを誘ったあと、私に向かってこう言った。「えらくこき下ろされたものだな。これでは、みんなしてお前の教育にあたらねばならんぞ」。この詩の作者がほかならぬ私だということを知っていた者たちは目配せをし合った。翌日にはみんなに知れ渡った。上官の驚きはことのほか大きかった。なにしろ、この詩については自ら賛辞の言葉を送っていたのだから。その後、彼は私をこの「週刊新聞」の編集スタッフに任命し、私の詩の評判は高まる一方だった。ほどなくして、私の作品は軍が発行する新聞にも掲載されるようになり、その上官自身が私のことを非常に自慢に思うようになった。さらには、隊列における「最後から二番目」の位置を変えようとさえしてくれたのである。

彼のおかげで、私は、軍がキエフで開催した「若き作家たち」という催しに参加する機会にも恵まれた。だが、私の作品に対しては批判的な声もいくつか寄せられた。「なぜこの詩には、戦車だの弾丸だの砲弾だののことしか謳われていないのだ？　祖国の栄光のためにあれほどまで献身している我らが指導者たちのことを、なぜ讃えないのだ？」

兵役についているあいだ、私は戦車や戦車の操縦、そして射撃に関することであれば、なんであれ座学と実技を通じて学んだ。当時、戦車兵は、「TT」拳銃を装備していた。「TT」とは、「トゥーラ造兵廠《ぞうへいしょう》(2)のトカレフ型」を意味する。だが、これは使い勝手が悪かった。悪い拳銃ではないのだが、戦車にはあまり適していないのだ。野外で撃つのと、戦車内から狭い銃眼を通して撃つのとはまったく勝手が違う。かつてこっそり拳銃をいじったときの経験が大いに役立ち、私は、銃眼からより効果的に撃つための装置を考案した。今回は、もはやこそこそと

(2) フョードル・バシーレヴィチ・トカレフ（一八七一～一九六八）　ロシアの武器設計者

人目を避ける必要もなく、自由に使える試験場もあった。

一九四〇年五月、ジューコフ将軍がキエフ地方の軍司令官に就任した。将軍は兵士の創意工夫を奨励した。兵たちには毎週ひとつずつ技術的な課題が与えられ、それを解決してみせなければならなかった。戦車の砲撃回数を計測する機器を開発するため、コンペが開催されたこともある。私は熱心に取り組み、優れた装置をつくりだした。それまで、私を「田舎エジソン」と揶揄していた上官たちも、機器がうまく作動するのを目にすると、私に対する見方が変わり始めた。

軍の新聞に私のことを紹介する記事が掲載された。生まれて初めて、私の発明の才が公式に認められたのである。専門家は私の創作物を「簡単に製作でき、信頼性も高い」と評価した。今でも、発明に励む私を支えてくれたジューコフ将軍に、深く感謝している。

また、戦車のエンジンの作動状況を計測する機器を発案するよう要請されたこともあった。このような機器がどれだけ重要なものであるか、戦車兵であれば誰でもすぐにわかることだ。数カ月間研究を重ね、自分の戦車で試してみたところ、試作品の装置は完璧に作動した。上官たちはそれをキエフの軍当局に送ることに決め、私も同行することになった。三日間のはずのキエフ滞在だったが、私は結局、戻らなかった。というのも、私の装置を試した軍の専門家たちがジューコフ将軍に報告したところ、すぐに将軍から呼び出しがかかり、事態が急展開を見せたからである。

面談の当日、ジューコフ将軍は私を温かく迎えてくれた。私はほっとしたものの、それでもガチガチに緊張していた。将軍の執務室にはほかの軍人たちもいて、そのうちの何人かは将官だった。このときのことは今でもよく覚えている。ジューコフ将軍は率直かつ単刀直入に言った。「いいか、君のような一介の兵士が範を示すとは、実に感心なことだ。機材の改良を任されるのは、なにも科学者や武器エンジニアと限ったわけではない。現場の兵士にだってできることだ。君をモスクワに送ろうと思う。だが、君の発明品の見た目はなんとかする必要があるな。これではいかにも手づくり手づくりしている。まずはここ、キエフでつくり直してみたまえ。戦車の技術学校もあるし、良い作業場もそろっているぞ」

将軍の至上命令とあって、いろいろな人の手を借り、美しい二つの装置ができあがった。そうして、二度目に将軍の執務室に呼び出されたときには真っ黒で真新しい惚れぼれするような装置を披露することができた。その出来ばえに将軍はいたく満足したようで、褒章として、美しい腕時計を私に贈った（残念ながら、その後、この腕時計は紛失してしまった）。この将軍との出会いが、私の人生のひとつの転機となったのである。

ジューコフ将軍は私にモスクワ行きを命じた。コンペのテストは、モスクワからそう遠くないクビンカという町で行われていた。だが、私たちが着いたときには、コンペはすでに終了していた。テストを最高点で通過したある大佐の作品が選ばれ、量産化が決まっていたのである。だが、当時、ジューコフ将軍には絶大な影響力があった。将軍の要請ならば仕方ないと、コンペの主催者たちはしぶしぶ私の装置を試してみた。すると私の計測装置のほうがずっと性能が高かったのだ。こうして、私の作品が量産用装置として推薦された。

一九四一年春、この装置の生産を開始するため、私はレニングラードに派遣された。まだ二十二歳の私を、工場のエンジニア部長は同等に扱ってくれた。レニングラードではそれぞれの部品を量産するのにいかに根気とチームワークが必要かを痛感した。それは、エンジニアと工員と技術者たちの共同作業だった。だが、六月二十二日、ナチスドイツとのあいだで戦争が勃発し、私たちの計画すべてが狂ってしまった。プロジェクトは完成にはほど遠いというのに、私は所属する連隊に戻されたのだ。「またすぐにお会いできるはずです。勝利のあと、このプロジェクトを続けましょう」。私は工場長にこんな別れの挨拶をして、工場を去った。

当時、誰もが、戦争はソ連の軍事ドクトリンに従って展開すると信じていた。敵を国境線で阻止し、損失を最小限に食い止める、というものだ。スターリンとヒトラーのあいだでは一九三九年に不可侵条約が締結されていた。だが、きな臭い雰囲気が漂っていた。なにしろ、他のヨーロッパ諸国では激しい戦争が繰り広げられていたのだ。とはいえ、戦争が実際に始まったとき、私たちはまったく戦う準備ができていなかった。兵士は必要な訓練を受けておらず、せいぜい射撃を教わった程度だった。対するドイツ人は百戦錬磨だった。訓練に加え、すでにほかの国々を相手に実戦を経験していた。そんなドイツ軍が攻めてきたのである。「祖国の大地を断じて譲り渡してはならない」。これが当時のスローガンだった。だが、ドイツ軍はあっという間にソビエト領内に侵入してきた。敵ながらあっぱれの早さだった。しかも、ソ連は、新しい領土、「西ウクライナ」を併合したばかりだった。つまりソ連領土内であっても、皆が皆、ソ連を支持していたわけではなかったのである。実際、ヒトラーの軍隊は、たいした抵抗にあわないまま進軍している。

この戦争が始まった頃、ブリヤンスクの戦闘で、私は心臓が凍るような恐怖を体験した。中尉に、木に登って敵の様子を偵察するよう命じられたのだ。中尉は、ドイツ軍がまだ遠く離れたところにいると思っていた。ところが、必死になって木によじ登った私は、ドイツ軍がほんの目と鼻の先にいることを発見して肝をつぶした。ドイツ兵たちは私に気づくと、すぐさま銃撃を開始した。銃弾が耳元をビュンビュンかすめた。木から下りる私の俊敏さといったら、世界記録ものだったに違いない。リスだってあれほど速くは下りられなかっただろう。

爆撃もまた恐ろしいものだった。戦車兵だったのは本当に幸いなことだった。なにしろ、戦車の中にいるのといないのとでは、安心感がまるで違うのだ。

私の部隊に所属する兵士のほとんどが、まだとても若かった。その中では中尉がもっとも階級が高かった。経験も装備もない私たちは、敵を前にして途方に暮れていた。ブリヤンスクでの戦闘は昨日のことのようによく覚えている。起伏が多く森に覆われた戦場は筆舌しがたい混乱に満ちていた。戦争当初、私たちの武器はきわめて限られていた。めったに使うことのない火炎放射器しか持っていない兵士もいた。小銃も短機関銃（サブマシンガン）もなかった。だから私たちはまさに肉弾となって応戦しなければならなかったのだ。きちんとした訓練を受けてこなかったことがどれだけ悔やまれたか。対するドイツ兵は、まさしく完全武装していた。

私は戦車の操縦・整備士の訓練を受けていた。だが、実戦経験はまるでなかった。それなのに、いざ戦いが始まると、戦車長に任命された。

戦闘は数日間続いた。周囲の大地が焼き尽くされているような気がした。居場所を特定されるのを避けるため、弾を撃ってはならないという命令が出されていた。だが、こちらの居場所など、超低空飛行で偵察に来たドイツ軍の戦闘機「メッサーシュミット」で簡単に見つけ出されてしまう。すぐに、爆弾が落ちてきた。それでも私たちは、「撃つな！」という命令に従い続けるしかなかったのだ。

ある日、仲間の何台かの戦車が退却した状態で、私の乗っていた戦車だけが四方八方から激しい砲撃にさらされた。その後一瞬、辺りが静まり返ったように感じられた。戦車長として、私は周囲の様子を探るため、砲塔のハッチを開けてみることにした。そのとき、私のほんのすぐ横で砲弾が炸裂した。金属の破片が私の体に降りかかり、胸と背中に突き刺さった。瞬間、何も感じなかった。戦車についた血の跡を見て「いったい誰が怪我したんだ？」と思ったほどだ。それから頭の中がぐるぐると回り始め、意識を失った。今でもそのときの傷がうずき、文字を書くのに苦労している。

意識を取り戻したとき、部隊はもう戦場を離れていた。両腕と左肩が自分のものでないような感じがして、背中が激しく痛んだ。左腕は完全に動かなくなっていた。だが、まだ体にくっついているだけ運がよかったのだ。失ってもおかしくない状態だったのだから。周囲は混乱を極めていた。私は仲間の兵士たちによってトーチカ［鉄筋コンクリートで造られた防御陣地］の中に運び込まれ、二日間そこにいた。やがて軍医が到着し、長い時間をかけて診察したあと、こう言った。「ひどい打撲傷だ。病院に移送しなければ」

だが、どうやって？　それが問題だった。なにしろ私たちはドイツ軍に包囲されていたのだ。私を含む十二人の負傷兵が集められ、軍の救急車に収容された。軍医一人と看護婦一人が付き添った。運転手の名前はコーリャ。まだ覚えている。私たちの生死が彼にかかっていた。というのも、負傷した兵士たちのほとんどが歩くことさえできなかったのだから。

日が暮れ、ある村の手前まで来たとき、医師が車両を止めるよう命令した。まずは村にドイツ兵がいないことを確かめなければならないからだ。斥候《せっこう》として、運転手のコーリャ、両腕に火傷を負った中尉、そして私が指名された。まだ歩ける者たちが選ばれたというだけのことだ。私たちが携行した武器は、拳銃一丁と小銃一丁だけだった。辺りは静まり返り、村は死んだようだった。突然、自動小銃の掃射音が聞こえてきた。私たちはとっさに地面に身をふせ、もと来た道を戻ろうと、ジャガイモ畑を突っ切って森の方角へ向かった。救急車の近くまでくると、銃を撃つ音が聞こえてきた。中尉がささやいた。「シュマイザー(3)だ。くそっ、こっちにも自動小銃さえあれば……」。私はトカレフを握りしめた。それから三人で救急車に向かって走り出した。

救急車までたどりつくと、道の角を曲がって走り去る、サイドカーに乗ったドイツ兵たちの後ろ姿が見えた。目の前には恐ろしい光景が広がっていた。救急車にいた負傷兵たちは機銃掃射を浴びていたのだ。血が流れ出て、車両の下に血の海ができている。まだ息があり、瀕死の状態にある者もいた。

私たちは道路からできるだけ遠く離れるため、あらん限りの力を振りしぼって走った。その後は、ゆっくりではあるが、夜を徹して歩き続けた。肩がひどく痛んだ。ときどき意識を失うほどだった。するとコーリャが私を引っぱり起こし、歩かせようと肩を貸してくれた。中尉の容態も悪かった。翌日、コーリャは、小さな袋を持った年老いた農民が近くにいるのに気づいた。私たちは老人に一部始終を語り、助けてほしいと訴えた。老人によれば、ドイツ兵は彼らの食糧をすべて没収し、畑の作物を収穫することすら禁じたという。それでも老人は、家族に食べさせるため、これからこっそり作物を取りに行くところだと言った。「よし、わかった。村医者のところまで連れて行ってやろう。ここから十五キロ離れたところに住んでいる。とてもよい先生でな」

村から三百メートルのところまで来ると、老人は私たちに村に入るのは夜まで待つようにと助言し、幸運を祈る言葉を残して去っていった。私たちは不安な思いで待機した。そしてじっと辺りの様子をうかがった。物音ひとつしない。実際、村は無人のようだった。そこでコーリャが村の様子を偵察しに行った。しばらくすると、肩から小さなカバンを提げて戻ってきた。中身を見た私たちは喜びのあまり涙が出そうになった。田舎パンの半分、ゆでたジャガイモ、リンゴが二つ、そして少量の塩が入っていたのである。コーリャは、自分はすでに医者の家でご馳走になってきたから、二人で食べていいと言ってくれた。

私たちがその食糧を貪っているあいだ、コーリャは、医者の三人の息子も前線に送られていることや、ドイツ兵はすでに医者のところにも来ており、彼自身、これまで二回、ドイツ軍の司令部に連行された経験があると話してくれた。その経験からいっても、とにかく用心に用心

(3) ヒューゴ・シュマイザー　ドイツの有名な銃器設計者。中でも、一九一八年、初の短機関銃(サブマシンガン)「MP18」を製作した。一九五三年、旧東ドイツで亡くなった

を重ね、夜になってからでなければ医者のもとを訪ねてはいけないとのことだった。

医者が私たちを迎えた部屋は、窓にシーツが下げられていた。机の上にはさまざまな医療器具が並んでいた。血に染まった不潔な包帯をはずし、傷口を洗い、清潔なガーゼをあててくれた。医者は、怪我がひどいから、すぐに出発しないほうがいい、と私たちを引き止めた。「二、三日、安静にしていなければだめだ。納屋にかくまってあげよう。あそこなら、干草がたくさんあるからなんとかなる」。それがどれほど危険な行為だったか、思い返すだけでも、その医者の勇気に胸打たれる。ドイツ人に見つかれば、彼は間違いなく絞首刑にされていただろう。

私は、子供の頃に大好きだった干草の山に身を沈めた。すると、悲しみが湧きあがってきた。家族は今頃どうしているだろう？　兄弟たちもおそらく前線に送られたはずだ。母をひとり残して。いつか母に再会できる日がくるのだろうか？　そのためにはまず、この戦場からなんとしてでも生きて戻らなければならない。医者は私たちに水や食べ物、それに大量の本や雑誌（その大部分が医学関係のものだった）を運んできてくれた。痛みのせいで記憶力が研ぎ澄まされていたのだろうか、このときの読書で信じられない量の医学情報を頭の中に蓄えることになった。今でも、そのときに得た知識のおかげで、病気の友人に、的確な助言を与えることができる。だがその一方で、命を救ってくれたこの医者の苗字を訊かなかったことをとても悔やんでいる。彼こそは、命の恩人、真の英雄だった。

私たちがなんとか歩ける状態になると、彼は私たちに、一番近いロシア軍の前線の方角と、そこにたどりつくためにもっとも安全と思われる道を教えてくれた。私たちは食糧を倹約しながら、以前と同じように、夜間に歩いて昼は休息をとった。三日経った。前線はいっこうに見えてこず、食糧だけがどんどん減っていく……。私たちはついに原始的な食生活に移行せざるをえなかった。生のキノコや野生の果物を摘み、雑草まで口にした。水は沼の水しかなかった。そのよどんだ水のせいで、私たちは吐き気や腹痛に襲われた。

周囲には奇妙な静寂が広がっており、本当にこの方角で正しいのかと、次第に不安になった。前線に近づいているはずなのに、遠ざかっているような気がしてならない。それでも、医者の言葉を信じて、東を目指して進みつづけた。一週間後、苦難を重ねた彷徨の末にようやく味方の兵士と鉢合わせした。そこはトルプチェフスク市の郊外だった。

戦線を越えてきたため、さらに身分を証明する書類をまったく携行していなかったため、私たちは、味方の軍隊からドイツ兵と間違われ、捕虜として扱われた。ロシア兵は皆、ドイツ人に捕まることに強い恐怖を覚えていた。だが、最悪の事態は免れ、私たちは助かった。短い聴取ののち、中尉と私は病院に送られ、コーリャは軍の運転手として自分の持ち場に戻ることになったのだ。

病院こそ我が大学

病院で私を診察した医者はこう言った。「傷口がこんなになるまで、よくもまあ放っておいたものだ」。当然のことながら、医者はここにたどりつくまでの経緯を、そのあいだの苦難をまったく知らなかった。治癒には時間がかかるだろうと言い渡された。

夜は悪い夢にうなされた。夢の中の私は、敵の機関銃の一斉掃射をかいくぐり、森の中を走っていた。次の場面では、負傷した兵士たちに交じって救急車の中に横たわっている。そこでいつも、はっと目が覚めて飛び起きた。同じ病室の仲間たちも悪夢にうなされているようだった。彼らのうめき声で、私は再び眠りにつくことができなくなった。

昼も夜も、ひとつのことが頭を離れなかった。なぜ我らがロシア軍は、あんな形で潰走したのだろう？　上官は私たちに、もっとも近代化された武器で、もっとも少ない損失のもとに戦うと約束していたではないか？　だが、周囲の負傷兵たちは口をそろえてこう言っていた。二人に一丁の銃があればまだいいほうだった、と。兵の数が敵に勝っていたことだけが幸運だった。

過去の教訓がまったく生かされていなかった。クリミア戦争、それに第一次世界大戦の失敗が繰り返されている。私の思いは、シンプルで具体的なものだった。軽くて性能のよい自動小銃、私たちがあれほど必要としていた銃は、いったいどこにあるのだ？　私の夢はただひとつ、オートマチックの短機関銃をこの手でつくり上げる――、それだけだった。戦車の操縦士をしていた頃、デグチャレフ[4]の短機関銃を扱ったことがある。その銃を何度も分解しては組み立て直したものだ。それは、第二次世界大戦直前に起こったフィンランドとの紛争のときに広く普及していた銃で、接近戦ではほかのどんな銃よりも効果的だった。軽さ、持ち運びやすさ、それに連射できるという利点は、まさに、短銃（拳銃）と機関銃を合わせた「短機関銃（サブマシンガン）」の呼び名にふさわしいものだった。有名な武器設計者、フョードロフ[5]は、一九三九年、その著作『火器の変遷』の中で、「短機関銃は比較的新しい銃器で、第一次世界大戦の際に登場した。現在に至るまで、この銃に秘められた驚くべき将来性についてはまだ十分に理解されていない。だが、威力があり、軽くて製造しやすいこの短機関銃は、必ず銃器の主力となることだろう。改善の余地は残っているものの、大口径の銃弾が必要ではない接近戦においては、これに勝る銃器はない」と述べている。

フョードロフ将軍は勇敢にも、自分の考えを本にした。だが、一介の兵士だった私は、この

（4）ワシーリィ・アレクセイエヴィチ・デグチャレフ（一八七九～一九四九）　ロシア人銃器設計者
（5）ウラジミール・グリゴリエヴィチ・フョードロフ（一八七四～一九六六）　ロシア人銃器設計者。「ソ連の自動小銃の父」とされている

短機関銃をめぐり、軍の中枢部で熾烈な主導権争いが繰り広げられていたことをまったく知らなかった。短機関銃を軽視した人のなかには、当時強い影響力を持つ国防人民委員代理のゲンナージィ・クーリクもいた（国防人民委員は国防大臣にあたる）。クーリクは当時、砲兵総監を務めていた。一九三九年二月には、デグチャレフの短機関銃の生産があっさり取り止めになり、赤軍の内部に出回っていた分も回収され倉庫送りになっていた。この浅はかな行為によって、赤軍は重要な短機関銃を持たないままとなるのである。さらに、この銃の持つ戦術的な特徴や、メリットや個性を学んだり、研究したりする機会も与えられなかった。フョードロフ、デグチャレフ、シュパーギン(6)といった銃器設計者は、軍の内部で、短機関銃復権のための闘いを続けていた。彼らはあの手この手で政府を説得し、特にデグチャレフは、短機関銃がいかに現状に合っているか、量産に向くかといった点を強調した。海外での銃器技術の進化に目を止め、短機関銃のような全自動銃こそが、ドイツ軍をはじめとする諸外国の軍隊で次第に多く使われ始めていることを知っていたからだ。ソ連だけが後れをとっていていいのだろうか。

だが、一九三九年のフィンランドとの戦争により、短機関銃がいかに効果的な武器であるかが証明された。特に、森林が多く起伏のある戦場や、接近戦において威力を発揮することが明らかになった。フィンランド軍は「スオミ」短機関銃を装備していたが、スキー部隊がその銃を使用し、ソ連軍に大きな被害を与えたのだ。

一九三九年末、最高軍事評議会は、デグチャレフ短機関銃の量産を再開する決定を下した。一九四〇年一月六日になって、ようやくこの短機関銃を軍に装備することが国防委員会によって決められた。デグチャレフは製造期間を短縮するため、自身のモデルに改良を加えた。これによって、より軽く、単純な構造の短機関銃が誕生したのである。

こうして突破口が開けたことで、何人もの設計者が先を争うように自動銃の試作品づくりに乗りだした。設計者のなかで一頭地を抜いたのが、才能豊かなシュパーギンだった。彼はいち早く、部品をプレス加工する方法を生み出した。彼は回想録の中で「造兵分野の偉大な専門家たちでさえ、このような自動銃が製造できるとは思わなかった。だが私は、自分の論理の正しさを確信していた」と記している。

戦後、このシュパーギンと会ったとき、彼は、ほかの設計者たちとの競争がいかに熾烈であったかを語ってくれた。彼が試作品づくりにかけた時間はたった半年だった。一九四〇年十二月二十一日、国防委員会は、彼の考案した短機関銃を赤軍に装備することを決定した。だが、実際に使用できるようになったのは、ソ連が第二次世界大戦に参戦するほんの数カ月前のことだった。

このように、大戦初期の戦闘において、赤軍内では短機関銃の数が著しく不足していた。

(6)ゲオールギイ・セミョーノヴィチ・シュパーギン(一八九七～一九五二)　ソ連の銃器設計者。短機関銃「ＰＰＣｈ41」を開発した

一九四一年、おそらく我が国にとって戦況がもっとも芳しくなかったこの時期、ヴォロノフ[7]が赤軍の砲兵部隊長に任命された。だが、彼はもっと軽い銃器も担当していた。そして、スターリン自らが、短機関銃と対戦車銃の配備に目を光らせていた。ヴォロノフ元帥は一九六三年、回想録にこう記している。「一九四二年が近づいていた。十二月三十一日の晩、私は参謀部に呼ばれ、前線に二つの大規模なスキー部隊を派遣する予定だと告げられた。部隊には突撃銃がまったく装備されていなかったので、早急に用意する必要があった。調査してみたところ、突撃銃は全部で二百五十丁しかないことが判明した。我が軍にはそれだけの銃器しか備蓄がなかったのである。私はこの情報を参謀部に伝えた。すると、二つのスキー部隊には百六十丁の突撃銃を支給し、残りは予備に取っておくとの返事がきた。我々はこのような状況で一九四二年の新年を祝ったのだ。こちらが使える武器は非常に限られたものだったが、勝利は我々の側にあると皆が固く信じていた」

だが、これらのことはすべて私が病院のベッドで療養していた時期の出来事であり、私には知る由もなかった……。

当時の私は、小型で軽く、信頼性の高い短機関銃を設計することができるのはデグチャレフだけだと思っていた。だが、彼の短機関銃は、まだまだ完成度が低い。夜になると、それよりずっと優れた銃を設計する夢を思い描いた……。昼には、夜に考えた銃のデザインを、苦労して手に入れた手帳にせっせと描いてみた。性能のよい銃をつくりだしたいという思いに完全に取りつかれていたのだ。まさに病気だった。一日に百回も自分の設計図を書き直した。だが、知識が足りないことは火を見るよりも明らかだ。私はだんだんと欲求不満になっていった。

戦車の計測器を開発するには、学校や軍隊で教わった知識で十分だった。それに自分の直感と経験を加えるだけで、装置をつくりだすことができたのだ。だが、革命的な銃をつくるとなると、私の知識はあまりにもお粗末だった。そこで、肩の鈍痛に耐えながら、毎日、病院の図書室に通った。その図書室で、私の人生に決定的な影響を与えた何冊かの本に出会った。フョードロフの記した『火器の変遷』全二巻もあった。

私が収容されていた巨大な病室には、戦車兵や砲兵、歩兵、工兵などがいた。病室ではよく、さまざまな兵器の長所や欠点について議論が繰り広げられていた。私は、戦闘で実際に短機関銃を使用したことのある兵士の意見に注意深く耳を傾けた。彼らの意見を参考にして、設計図を引き、研究を進めたのだ。一覧表をつくり、そこにさまざまな自動銃の種類やその開発の経緯、さらにそれぞれの技術的および戦略的な特徴を書き入れ、比較検討を試みた。戦前は研究機関で科学者として働いていた落下傘部隊の中尉の話によって、私は、さらに深く自動銃の機

（7）ニコライ・ニコライエヴィチ・ヴォロノフ（一八九九〜一九六八）　ソ連の砲兵部隊を指揮し、一九四四年、元帥に任命された

関部を理解することができた。この中尉と、隅から隅まで何度も読み返したフョードロフの二巻本のおかげで、研究が進展したといえるほどだ。

ある日、中尉は、自動（オートマチック）の語源はギリシア語であり、「ひとりで動く」というのがもともとの意味だということを教えてくれた。これを銃器に当てはめれば、引き金を引いた状態で、停止することなく弾を撃ち続けることを意味する。これこそが短機関銃の最大のメリットなのだ。中尉は、迅速な連射が可能な自動銃の将来性について、私と同じ意見を持っていた。中尉はシュパーギンやデグチャレフの短機関銃のほうが、ドイツの短機関銃よりも勝っていると断言していた。彼は、フィンランドの「スオミM31」や、ドイツの「MP38」（MP38と銃器設計者、ヒューゴ・シュマイザーは何の関係もないのに、ソ連ではなぜかこれを「シュマイザー」と呼んでいた）を使った経験もあった。ソ連の兵士は皆、ロシア製の短機関銃のほうが敵のものよりも軽くて優秀なのに、自軍内になぜもっと多く配備されていないのか不思議に思っていた。

このような議論に私が口を挟むことはめったになかった。だがある日、私は、病室の仲間たちに、図書室の本で読んだ印象的な話を語ったことがある。[8] ロシチェペイという、二十世紀初頭のロシア軍の二等兵の話だ。彼は鍛冶兵として武器修理工場で働いており、そこで自動銃を製作したのだ。それは、固定された銃身に自動遊底という原理に基づく銃で、当時、画期的なものだった。だが、残念なことに、軍の上層部はこの発明の価値を正当に評価せず、無益であるとさえみなした。ロシア軍指導者たちのこの無理解によって、ロシチェペイの発案はほかの国々で利用されることになった。自動遊底の機関部は、オーストリアの機関銃「シュワルツローゼ」や、アメリカの自動小銃「ピーターセン」の中で模倣されたのである。

フョードロフに関して言えば、彼はすでに第一次世界大戦の前から、小銃と小型軽機関銃の中間にあたる銃器を研究しており、彼はそれを「突撃銃」と名づけた。だが、ロシチェペイ同様、彼もまた、軍当局の承認を得ることはできなかった。一九一六年時点で、フョードロフの自動銃を装備していた部隊はたったひとつしかなかった。そしてソビエト初の短機関銃は、一九二〇年代末、元錠前職人だったトカレフによって製作された。

一方のデグチャレフは、十一歳のときからトゥーラ造兵廠で働いている。戦前、彼は「社会主義労働英雄称号」と「鎌と槌記章」を授与されている。「鎌と槌記章」には「二等」の文字が記載されていた。ある日、この記章が負傷兵仲間の話題にのぼったとき、ひとりが興奮して言った。「じゃあ、一等は誰だったんだい？」。一瞬、重い沈黙に包まれた。

「お前は馬鹿か？　それともふざけてるのか？　我が国のナンバーワンといったら、誰だかわ

（8）ヤーコフ・ウスチーノヴィチ・ロシチェペイ（一八七九～一九五八）　斬新なコンセプトに基づく銃を発案した兵士

かるだろ？」

「同志スターリンかい？」

「決まってるだろ！　お前は本当に鈍いやつだな！」

私はこのやりとりを、ずっとあと、ゴルバチョフのペレストロイカ時代に思い出した。最優秀製造企業家勲章を授けられたときのことだ。そこには「二等」の文字が刻まれていた。では「一等」は誰が授与されたのか？　いろいろな人に尋ねてみたが、わからなかった。今でも、誰に授けられたのかは謎のままだ……。

★★★

病院での私は、落下傘部隊の中尉の助けを借りて、名の知れたすべてのタイプの自動銃について研究を進めた。中尉と私は仕組みをより正確により詳細に把握しようと、入念な図を作成した。私は、革命的な新しい短機関銃を製作するための独自の道を探していた。自分のアイデアを実際に試してみたくてうずうずしていたのだ。だが、傷口はなかなかふさがらず、腕は思うように動いてくれなかった。

医師たちはついに、私をこのまま病院に置いていてもどうしようもないと判断を下した。だが、だからといって、とても前線に戻れる状態ではない。結局私は退院して、数カ月の療養休暇をとることになった。がっかりした。前線に戻って戦いたかったからだ。だが、医者たちは聞く耳を持たなかった。私が何を言おうと、腕が元の状態に戻るまで、休息を十分にとる必要があると言ってきかなかった。

私は身の回りのわずかな物をまとめて荷造りをした。図面、設計案、武器に関するさまざまなメモといった「宝物」も忘れずに荷物に入れた。そしてアルタイへ、生まれ故郷の村クーリャへと旅立ったのである。

「カラシニコフ軍曹を助けよ」

兵士たちでぎゅうぎゅう詰めになった鉄道車両の中で、肩の痛みに耐えかねた私は、身を起こすことさえできずにいた。季節は冬。凍てつく寒さだった。盲目の兵士がハーモニカを吹いていた。銃も持たずに戦場に赴いていった哀れなロシア兵のことを歌った悲しい曲だ。突然、神の啓示のように、私の頭の中にあることがひらめいた。向かうべきなのはクーリャの村ではない、カザフスタンだ、小さなマタイ村の鉄道機関区へ行け！　戦前、私と友人のガブリールが働いていたあの場所だ。計画を実現するための手助けが得られるとしたら、あそこしかない。

数日後、私は鉄道機関区長の事務所にいた。戦時とあって機関区は、人員のローテーションを組み、休むことなく二十四時間体制で稼働していた。軍人証のおかげで、食糧配給を何回か受けることもできるだろう。なんとか生き延びられるだけの食糧は確保できそうだ。さらに私は「カラシニコフ軍曹を助けよ」という記載がある書類も携行していた……。

偶然にも機関区長の名もカラシニコフといった。私にとってはそれが運命のしるしのように思われた。奇妙なことだが、私はこの機関区長を信頼し、ほとんど肉親のような親近感を覚えたのだ。将来の大作をスケッチしたノートを見せながら、なんとか彼を説得することに成功した。包帯の巻かれた私の腕に胡散臭いまなざしを向けながらも彼はこう言ってくれた。「君のことを少し手伝ってくれる人が実際に見つかるなら、まあ、よかろう」。とにかく彼は、試作品をつくるため、私が機関区の作業場と設備を使用することに同意してくれたのだ。機関区の誰ひとり、私が本当に成功するとは思っていなかったのだが、戦争中にあっては、怪我を押してまで武器の研究に励む者を無下に拒否するわけにはいかなかったのである。

私にはさまざまな専門技術を持つ小規模な工員チームが必要になった。それまでは、エンジニアの仕事は自分ひとりでできるものだと考えていた。銃器設計の仕事がいかに複雑多岐にわたるものであるかをまったく理解していなかったのだ。

最終的に、私は必要な工員を集めることに成功した。エンジニアという観点からすると、それは少々風変わりな職人仕事だった……。だが、彼らは皆、このプロジェクトの成功を固く信じ、夜間でさえも働こうとしてくれた。

地域の軍担当者も、部品を分解して使うようにとモシン[9]小銃を一丁提供してくれた。少しずつ、全体が形になっていった。三カ月のあいだ、私が設計した初めての銃を完成させるため、皆が一丸となって懸命に働いたのだ。

★★★

私はいつもすばらしい出会いに恵まれていたと思う。機関区長は住居兼仕事場として、私に部屋を用意してくれた。ドアには「立ち入り禁止・特別作業班」と書かれた張り紙があった。また、私は、ジェーニャ・クラフチェンコという、手先がとても器用な専門工と友達になった。そのジェーニャに手伝ってもらいながら、プロジェクトを進めた。私たちは、試作品の実射テストをまずは部屋の中で行った。夜は付近の人通りが少なくなるため、好きなだけ弾を撃つことができた。とはいえ、作業環境は心許ないものだった。もっとよい環境だったなら、ずっと早く進んでいただろう。それでも私たちは、自分たちの短機関銃の将来性を確信していた。粗削りの試作品でも鼻高々だった。これでファシストに対する勝利も目前だと本気で思っていた

(9) セルゲイ・イワノヴィチ・モシン(一八四九~一九〇二) ロシアの武器設計者で、一八九一年、有名な口径7・62ミリ小銃を開発した

のだ。

　地方軍事委員会の担当者は、私の試作品を検討した結果、「カラシニコフ軍曹とその銃」をアルマアタに送る決定を下した。アルマアタには兵役に就く前に滞在したことがあった。戦争中、政府は、モスクワがドイツ軍に占領される場合に備えて、戦略上重要な機関を国内の奥地に分散させたため、数多くの工場や高等教育機関、研究所などが地方に移転していた。その多くが、アルマアタをはじめとする、前線から遠く離れた後方の都市に移っていたのである。

　アルマアタの軍事委員会では、若い曹長が大きなテーブル越しに座ったまま、私を冷たく迎えた。私のほうはうやうやしく挨拶をした。「軍曹のカラシニコフと申します。療養休暇中の身にあります。新型の銃器を製作し、ここに持参致しました。つきましては、軍事委員会の責任者殿にこの旨お伝え頂きたく、お願いに参った次第であります」

　自作の短機関銃を手にした私は、この若い曹長の目には頭がおかしいと映ったようだ。その後ひと言も発する間もなく、私は狭苦しい部屋に閉じ込められてしまった。部屋はかび臭く、閉めきったままのようだったが、それもそのはず、そこは独房だったのだ。看守たちは、私から銃だけではなく、ベルトまで取り上げた。結局、拳銃の不法所持でクーリャの村で拘留されたときよりもさらに長いあいだ、この不快な場所に閉じ込められた。その四日間がいかに長く感じられたか。私は、独房の近くを行き来する人たちに手当たり次第、とにかく私の友人に連絡をしてここから出られるようにして欲しいと頼んだ。ついに四日目、ドアが開き、私を投獄したあの若い曹長があらわれた。彼は気まずい様子で、私の私物と短機関銃を返してくれた。そしてきわめて慇懃な調子で、階下で車が待機していると告げた。車に乗り込むと、運転手は言った。「カザフスタンの党中央委員会に軍曹をお連れするように命令を受けております。造兵部門を担当する中央委員会書記がじきじきに面会されるそうです」

一目見て、私はその書記がスターリンの真似をしようとしているのだと合点がいった。なにしろ、軍服のようなスーツに身を包み、足元はブーツを履き、相手のちょっとした身振りや言葉も決して見逃しはしまい、といった様子なのだ。彼は即座に、手仕事でつくった私の短機関銃には改善の余地があり、技術的な書類もまだまだ足りないと判断したようだ。おだやかな声で、私をモスクワ大学航空電子工学部で教授を務めるエンジニアに紹介しようと告げた。そこの学生たちが、私の簡易設計図や計算式を改善する手伝いをしてくれるかもしれないと言うのだ。大学には良い工房が整備されている。自分の幸運が信じられなかった。なにしろ、ほんの数時間前まで、独房の隅で縮こまっていたのだから。私は一転して幸せの絶頂にいた。

大学では最年長者であるアンドレイ・カザコフが、すぐに目をかけてくれた。そして私の短機関銃を完成させるべく、特別チームが編成された。チームには、教授一名と上級クラスの優秀な学生グループも含まれていた。私たちの作業スペースは、荒れ果てた小さな民家の中にある十八メートル四方の部屋だった。まるで軍隊のように、私たちはそこに寝泊まりし、作業場を離れるのは週に一度、公衆浴場に行くときだけだった。

作業は迅速に進んだ。私たちはすぐに、試作品にいくつかの大がかりな改良を施した。マタイの鉄道機関区で製作したモデルは可動式のボルト（遊底）を有しており、そのため、製作は簡単だったが、不都合もあった。たとえば、ボルトが重過ぎて銃のバランスが悪かった。そこで、アルマアタでは、ボルトを半可動式にし、重量の軽減に成功した。ある日、ひとりの将軍が見学にやって来た。私の短機関銃の原理に心を動かされた彼は、なんとしてでもこの銃を完成させるべきだと決意した。

そこで私は、今度はウズベキスタンのサマルカンドに赴くことになった。この町に、ジェルジンスキー砲兵士官学校が一時的に移転していたからだ。有名なブラゴヌラーヴォフ教授が会ってくれることになっていた。ウズベキスタンに行ったのはこのときが初めてだったが、ソ連の一員であるこの共和国は、その後の私の人生に深く関わる場所となった。

アナトーリ・アルカディエヴィッチ・ブラゴヌラーヴォフ[10]は、自動銃の偉大な専門家だった。私は病院にいたとき、理論的な知識を深めるために彼の著作を何冊か読んでいた。何ページかは、丸々暗記したほどだ。彼は私が専門的な教育を受けておらず、さらには、私の短機関銃が鉄道機関区の粗末な作業所で製作された上に、同じように設備の整っていない作業場で仕上げられたと聞き驚いていた。ブラゴヌラーヴォフは、私の仕事ぶりにも、私の人生そのものについても、いろいろ質問してきた。彼が私という人間にそれほどまでに興味を持ってくれることが誇らしかった。この偉大な人物が私の将来を真剣に気にかけてくれているのだ。ブラゴヌラーヴォフは、教養のあるいわゆる「昔気質《むかしかたぎ》」の人物だった。彼は、私の目の前で二通の手紙を書いた。そこには「カラシニコフ軍曹の短機関銃は、そのままの状態では複雑すぎ、また現行の技術規格に必ずしも合致していないため、量産には適さないが、その独創性から判断するに、彼は独学で学んだ才能溢れる逸材であり、専門的な教育を受けるチャンスを与えるべきである。なぜなら、彼はいつの日か必ずや優秀な武器設計者になるからである」といった内容が記されていた。しかも彼は、私に奨学金を支給することまで提案してくれた。一九四二年七月二日のことだった。

最終的に軍当局は、今は私に勉強をさせる時勢ではなく、この短機関銃を改良させて完成させることのほうが重要だと判断した。結局私は、モスクワの砲兵総局に派遣されたのである。

砲兵総局の発明課長は私にこう告げた。「君の試作品を完成させるのに、モスクワ地方にあるショーロヴォ武器試験場ほど格好の場所はない。君の計画を完遂させるために支援するよう

(10) アナトーリ・アルカディエヴィチ・ブラゴヌラーヴォフ(一八九四〜一九七五) アカデミー会員、ソビエト砲兵部門の将軍

指令を出しておこう。ショーロヴォでは何でも研究できるし、どんなテストも試してみることができるぞ」

当地へ向かう列車の旅の道連れは、ほかでもない偉大な武器設計者、シモノフその人だった。[11]彼の名は、すでに戦前から兵士のあいだで広く知れ渡っていた。軍上層部は、私の「面倒を見るように」とシモノフに要請し、彼は快くその役目を引き受けてくれたのだ。このシモノフこそが半自動小銃「AVS」［シモノフM1936半自動小銃の別名］の開発者である。大戦初期にドイツ軍の戦車があちこちで人々を恐怖に陥れていたとき、シモノフはスターリンじきじきの要請に応え、二十二日間不眠不休で研究し、初の対戦車銃を製作したといった伝説も流布していた。

数年後の大戦末期に、私はシモノフと再会したが、そのときはすでにライバル同士になっていた。コンペの審査委員会の前で、それぞれが開発した自動装塡式カービン銃［通常の小銃より銃身が短い騎兵銃］のプレゼンテーションを行ったのだ。このコンペでは、私も含む数人のライバルを凌いで、シモノフの作品が選ばれた。

シモノフが発案したカービン銃は、その後、世界的に有名になった。どこの国にも類を見ない画期的な銃だったからだ。こうして、クレムリンを警備する一番有名な衛兵、つまりレーニン廟を守る衛兵たちの手に握られたこの銃を、テレビや雑誌のグラビアを通じて、世界中の人々が目にすることになった。

ショーロヴァ武器試験場には博物館が併設されていた。その壮大さと、ソ連中どこを探してもここだけにしかないという充実した武器コレクションに、私はすっかり心を奪われた。博物館にはここ何世紀かのロシア製や外国製のさまざまな武器のほか、当然のことながら最新のソビエト製武器が収められていた。陳列された数々の試作品を通じて、銃器の歴史や製造技術を学ぶとともに、考察のヒントも得ることができた。そこには、量産されることのなかった武器もあった。採用されなかったとはいえ、興味深い作品だった。そのいくつかはきわめて独創的であり、軍で採用されるために何が欠けていたのかを考えさせてくれたからだ。この博物館は、私にとって、軍の病院に続く大切な学び舎《や》となった。

そして私の初めての短機関銃も、博物館送りの運命が用意されていた。この銃は現在、サンクトペテルブルクにある軍事歴史博物館に飾られている。この試作品には深い愛着を感じている。これはいわば私にとって、戦時中の物不足の中、難産の末に産んだ我が子のような存在なのだ。

私の銃器はさまざまなコンペで落選していたが、にもかかわらず、上官たちは私に対する信

(11) セルゲイ・ガヴリーロヴィチ・シモノフ(一八九四〜一九八六) ロシアの武器設計者で、自動小銃、対戦車銃、有名な半自動カービン銃「SKS45」などを開発した

頼を失うことなく、軽機関銃の開発を行うよう勧めてくれた。軽機関銃なら、マタイの鉄道機関区で試作品を製作した経験がある。だが、競争は厳しかった。私は、独自のモデルを製作するため、ウズベキスタン共和国の首都タシケントに送られることになった。そして私には専門工から成るチームと作業場所、そして必要な機材一式が提供された。

試作品の提出期限は一九四三年十二月十五日だった。当時、私はまだ二十四歳だった。階級は相変わらず軍曹のままだったが、すでにプロの銃器設計者としての身分を認められており、月々千五百ルーブルの俸給を受け取っていた。

完成した試作品を手に、私はショーロヴォ兵器試験場に戻ってきた。今度のコンペでは、審査委員会は三つのモデルの軽機関銃のうちからひとつを選びだすことになっていた。三つとは、シモノフ、デグチャレフ、そしてこの私のモデルである。だが悔しいことに、今回もまた私の銃は不採用になった。つまり、この軽機関銃もまた、最初の短機関銃と同じように、博物館送りの身となったのである。

デグチャレフもあっさり落選し、また、当初採用されていたシモノフのモデルものちのテストで不合格となったのだが、このコンペの落選に私の自尊心はいたく傷ついた。それからはこの二回の失敗の理由ばかりを考えつづけた。その結果、いくつか気づいたことがあった。たとえば、銃の扱いやすさもさることながら、部品がシンプルであること、銃全体としての信頼性が重要だという点だ。また、分解作業中に失くしてしまう恐れがあるため、小さい部品を使うのは絶対に避けなければいけないということもわかった。

相次ぐ落選に、果たして自分には銃器設計者としての才能があるのだろうかと自信が揺らいだことも事実だ。仲間のなかには「お前は本当に自分が銃の設計に向いていると思ってるのか?」とからかう者もいた。私は前線に戻りたいと思ったが、上司はきっぱりと拒否し、こう言ってくれた。「君のやっていることはそんなに簡単にできることじゃない。だからきっとここであきらめたほうが楽だと思っているのだろう。だが、考えてもみろ。ここに残ることで、いくつかの部隊で一斉に使用されるような強力な銃を発明することができるかもしれないのだぞ。勝利に決定的な役割を果たせる銃をだ。君には中央アジアに戻ってもらい、研究を続けて欲しい」

第三章　AKの誕生

製図台で仕事をするカラシニコフ。スターリン賞を受賞した頃（30歳）

カラシニコフ銃

一九四三年初頭のスターリングラードにおける勝利のあと、ソ連軍はすべての戦線で攻勢に転じた。ドイツ軍の猛攻に耐えた英雄的な都市、レニングラードの包囲網も解かれ、クリミア半島や、ウクライナの大部分が解放された。一九四四年、赤軍はソ連領内からドイツ軍を一掃したほか、ジューコフ元帥の指揮のもと、ワルシャワに入城し、オーデル川両岸を制圧した。一九四五年五月にはプラハとウィーンが解放され、ドイツの無条件降伏を定めた文書にジューコフ元帥とドイツのヴィルヘルム・カイテルが署名した。日本でも九月二日、武装解除が行われた。

「赤の広場」では盛大な戦勝パレードが開催され、凱旋する兵士たちの行進に、ソ連と同盟諸国の民衆は熱狂的な歓喜の渦に包まれた。

だが、この四年にわたる戦争でドイツから被《こうむ》った損害は甚大なものだった。ソ連の歴史家たちは五百万人の命が失われたとしているが、西側では二千万人と推定している。さらに、戦争の被害に加えて、一九四六年にはかつてない旱魃《かんばつ》が国を襲った。飢えと物資の欠乏で百万人が命を落としたが、スターリンはそのような状況にあっても、良識に逆らって小麦を海外に輸出し続けた。一九四七年、状況は好転し、食糧配給カードが廃止されるまでになった。

そこでこの時期、軍需産業は民生転換に取り組むことを余儀なくされた。こうしてソ連は、一九四〇年以前の経済モデルに立ち戻ることになった。危機を脱却するために、政府は国民の努力を次第に強く要求していった。たとえば強制収容所では生産能力を何倍も向上しなければならなかった。一九四六年以降は「ノーメンクラツーラ」〔共産党幹部や上級官僚などの特権階級〕が全能の存在となり、高級官僚の数は一九二八年と比べ七倍にも増えた。ドイツに対する勝利から三年で、生産力は戦前の水準に回復した。

宗教に関しては、革命以降、聖職者が迫害され、教会は、野蛮で徹底的な方法で破壊された。スターリンは、モスクワの真ん中にある壮麗な救世主キリスト大聖堂をダイナマイトを使って爆破させた（聖堂はずっと時代が下った一九九〇年代、モスクワ市長ユーリー・ルシコフの尽力で再建されている）。

だが、大戦が始まると、スターリンは教会に対し巧妙な策を弄した。教会に支援を求め、信者の愛国心を煽らせようとしたのだ。過去は水に流そうというわけである。ソ連の人々は、一丸となって侵略者と戦わなければならなかった。赤軍は、帝政ロシア時代と同じように、総主教の祝福を受けて前線に赴いたのである……。

勝利からときを置かずして、スターリンは徐々に戦前の反聖職者政策を復活させてゆく。また、公安機関の権力が著しく強化され、党中央委員会がインテリゲンチア（知識階級）を監視・統制した。スターリンが贔屓《ひいき》にしたアカデミー会員、ルイセンコは、遺伝学に関する研究を「反科学的」として告発している。

戦争中はスターリンの弾圧もそれほど強くは感じられなかったが、一九四六年以降、以前よりも激しい形で再燃した。またコスモポリタニズム批判によって、反ユダヤ主義の嵐が吹き荒れた。それは親米とみなされたイスラエルの建国と連動したものだった。「ユダヤ人反ファシスト委員会」［第二次世界大戦中にユダヤ人の協力を得るために創設された組織］の議長、ソロモン・ミホエルスも暗殺された。それを口実に新たな裁判が開かれ、当委員会のメンバーのみならず、その他の芸術家や作家たちもこの犠牲者となった。

この時期、スターリン崇拝が恐ろしい規模で拡大したのである。

「ミヒチム」プロジェクト

私は再びアルマアタ、次いでタシケントを訪れる旅に出た。マタイ、アルマアタ、タシケント、サマルカンド、モスクワ、ショーロヴォ武器試験場、それらすべてが、私にとってなじみの深い大切な場所になっていた。どこも人生の転機となった場所だ。

働くほどに経験が蓄積されたが、私は自分の進むべき道を模索していた。結局、ショーロヴォ武器試験場に戻り、自動カービン銃の製作という新たなプロジェクトに取り組むことになった。ちょうどこのタイプの銃の開発にあたっていたシモノフとの出会いが、私をこの銃の研究に進ませたのだ。

その後、私のもとにヴォロノフ元帥のサインが入った業務命令書が届き、発明課に配属された。それにより私の設計者としての地位が確かなものになった。学校に七年しか通っていないという事実を忘れたわけではなかったが、学校の免状が知識の豊かさを決めるとは限らない。カービン銃の研究は、私に新たな展開のきっかけを与えてくれたのである。シモノフのカービン銃がなければ、おそらく私のものが採用されていただろう。

開発のヒントにしたのは、自動装塡機能を備えたアメリカ製の小銃「ガーランド」[1]だった。私の設計案の独創性は、ガーランドの自動排莢《はいきょう》システムにいくつかの改良を加えることにあった。完成した試作品はなかなかの出来ばえだった。しかしまたしても、挫折が待ち受けていたのである。

運の悪いことに、私の銃の実射試験に立ち会ったのは、ひどくせっかちで気の短い少将だった。この少将は自ら試射したいと言いだした。標的は設置され、銃には弾丸がフルに込められていた。何度か連射し、弾切れになって弾倉が横に外れ落ちたときだった。少将は、新しい弾

(1) ジョン・カンティアス・ガーランド(一八八八〜一九七四) カナダ人設計者。彼が開発した有名な小銃「M1」は一九三六年、アメリカ軍に制式採用された

倉を装着する代わりに、いらいらしながら草むらの中を探し始めたのだ。少将が空になった弾倉を探していることは、誰でも察しがついた。だが、私の銃の独創性は、まさに空になった弾倉が自動的に排出されるこの機能にあるのだ。そこで私が、「空の弾倉は放っておいてかまいませんから、どうぞ新しいのを装着してください」と進言すると、彼は逆上した。「ああ、もちろんわかっている。だが、下っ端の兵士にそんなことがわかるか？　銃の部品が落っこちたと勘違いするに違いない。カラシニコフ君、君は設計者としてまだ若い。何がなんでも独創的なものをつくりだそうというのなら、もうここに来る必要はない」。理不尽きわまりない指摘だとは思ったものの、私にとってよい教訓となった。そしてこの経験から引き出されたいくつかの結論が、その後の私の突撃銃「ＡＫ」に生かされることになる。

　また、並外れた設計者、[2]アレクセイ・スダレフと知り合いになったのもこの頃である。レーニン勲章と赤星勲章を授かっていたスダレフは、当時、三十歳を過ぎたばかりだった。私はあろうことか、そうとは知らずに彼の作業机を「占拠」していたのである。ある日、背後から大きな声がした。「おい、私から許可を得ずに、勝手に私のところで作業しているのか？」。スダレフが後ろに立っていた。私は恐縮したが、彼はこのことを根に持ったりはしなかった。

　一九四二年に使われ始めたスダレフの短機関銃は、第二次大戦中の銃器における最高傑作だ。どんな外国製の銃でも、単純な構造、信頼性、戦闘の際の有効性という点でスダレフ銃を凌ぐものはない。スダレフはその銃を、ヒトラーの軍隊に包囲されていたレニングラードで設計した。信じがたい話だが、製造自体も、完全に封鎖されていたこの都市で行われたのである。

私のカービン銃は、試作の域をついぞ出ることがなかったが、この試作品が持つもっとも興味深いいくつかの特長を新しいプロジェクトで採用することにした。新しいプロジェクトとは、突撃銃の開発だった。すでに何人もの設計者が研究を始めていた。この分野の草分けもまた、あのアレクセイ・スダレフだった。彼は一九四四年に入るとすぐに、短い薬莢《やっきょう》を使うタイプの弾丸を使用する銃器の製作に取りかかっていた。

スダレフは非常に高度な分析能力の持ち主で、誰よりも早く、自動銃には、まったく新しいアプローチが、つまり、設計者たちの発想の転換が必要であることに気づいていた。というのも、当時の短機関銃は、射程と命中精度の面で、要求されている性能水準を満たしていなかったからだ。だが、一九四五年にソ連の工場で初めて量産された突撃銃「スダレフ」には欠点があった。重すぎるのだ。なんとか軽量化の方策を探らなければならない。そのため、スダレフは、突撃銃の研究を熱心に続けていた。

（2）アレクセイ・イワノヴィチ・スダレフ（一九一二〜一九四六）　ソビエトの武器設計者で、短機関銃「ＰＰＳ43」を製作した

★★★

一九四五年、小銃よりも小さく拳銃よりも大きい、これまでにないタイプの弾薬を使った新しい突撃銃をつくるため、コンペが開催されることになった。

コンペは匿名で実施され、参加者はそれぞれ偽名を使うことになった。設計者の名前に影響されずに、審査委員会が客観的な判断を下すためだ。私は、このコンペへの参加をなかなか決意できなかった。実際、それはかなり無謀な挑戦だった。なにしろ、当時名を馳せたソ連の設計者たちがこぞって参加するのだ。専門的な勉強をしていない私が、どうやってこのような競争に勝利することができるのだろう?

私は多くの専門家や、さらには技術者や工業デザイナーから成るチームに助けられ、さまざまな部品の図面を百枚ばかり製作した。私たちは皆、とても若かった。若さも強力な武器になることを示そうと、誰もが真夜中まで精力的に働いたものだ。

前回つくった自動カービン銃は大いに役に立った。新しい突撃銃の開発に採用したもっとも独創的な部品は、そのカービン銃の部品にわずかに改良を加えたものである。これは銃身の後端の閉鎖装置に関するものだった。数週間、一心不乱に研究を続けた甲斐もあって、未来の突撃銃の輪郭が見えてきた。するとショーロヴォ武器試験場の士官たちが関心を示して、助言したり、問題点を指摘したり、技術的な計算を手伝ってくれたりした。

運命もまた私を見守り、貴重な助っ人を送り込んでくれた。若き工業デザイナー、カーチャ・モイセイエヴァだ。私はプロジェクトを通じて彼女と知り合い、恋をした。私の草案を彼女は心をこめてきわめて正確に描いてくれたので、審査委員会に対して、とてもていねいにつくられた設計書を提出することができた。

要するに「ＡＫ」は、私とカーチャの愛の最初の結晶なのだ……。

図面も計算書もそろい、あとは設計図に署名する偽名を考えるだけとなったとき、友人のひとりが、私の名前と苗字の最初の音節を組み合わせたらどうかと提案した。ミハイル・チモフェエヴィチ（Михаил Тимофеевич）だから、「ミヒチム（Mikhtim）」。私は少々当惑した。まだ若い軍曹の身分であり、伝統的に上級者や年配者に対してしか使わない苗字で呼ばれるのに慣れていなかったからだ。それでも、この偽名を使うことにし、図面や計算書を含む設計図書のすべてに「ミヒチム」と署名し、モスクワの審査委員会に送付した。

モスクワから回答が来るまでの時間は、永遠とも思われるほど長く感じられた。ある日、ドアが開き、女性の小さな声が私を呼んだ。それは私にとってすでに大切な人、カーチャの声だった。カーチャはやけに真面目な顔をして、私の手を握った。「課の命令でお祝いに参りました。あなたの設計案はコンペの審査を通過したそうです」。まったく信じられなかった。友人たちのからかいには慣れていたものの、度が過ぎた冗談としか思えなかった。私は不快な表情でカーチャに背を向けた。すると、カーチャは怒って部屋を出て行ってしまった。ところが入れ替わりに、興奮した仲間たちの一団が部屋になだれ込んできたのだ。「おい、ミヒチム、お祝いに一杯おごってくれよ！　いやとは言わせないぜ」

本部で私は、「ミヒチム」の署名が入った設計案が審査を通過したことを正式に知らされた。次はこれを金属で製作し、ほかの一次審査通過者たちの作品と争わなければならない。ショーロヴォ武器試験場のスタッフ全員が今回の快挙を知っており、行く先々で、「ほら、例のミヒチムだ……」のささやき声が漏れ聞こえてきた。

一九四六年、コンペが新たな段階に入ったとき、今回も当然のことながら最有力視されていたスダレフが、急死した。彼のモデルはすでに軍の内部でテスト済みで、限定的に量産すらされていた。もしもこのアレクセイ・スダレフがもっと長く生きていれば、すばらしい結果を出したに違いない。というのも、たった数年で、この不世出の設計者は、ライバルのほとんどが一生かかっても及ばないような優れた銃器を生み出したのだ。

いまや同じ職場でレースに残っているのは、バルィシェフ、ルカヴィーシュニコフ、そして私の三人だけだった。そのうちもっとも経験豊富なのは、エンジニアで大佐のニコライ・ワシーリエヴィチ・ルカヴィーシュニコフだった。彼はすでに戦前から、特に対戦車兵器で名をあげていた。バルィシェフ中尉もエンジニアだったが、当時二十三歳と、私よりもさらに若かった。三人はライバル同士であるにもかかわらず、互いに助言しあう仲でもあった。

私はショーロヴォ武器試験場で設計者として働くことが大好きだった。創作意欲がわき、気分は高揚して熱に浮かされたようだった。設計者の才能を開花させるためには、それにふさわしい環境が必要なのは言うまでもない。一番大切なのは、自分の仕事の目標を自由に設定できることだ。さらに、先人の経験を利用できる環境と必要な物的手段を備えていることも重要だ。簡単なように思えるが、これらすべてがそろっていることはめずらしい。ショーロヴォ武器試験場はこれらの条件を満たしていた。そこでは健全な競争が行われ、一人ひとりの設計者が力を存分に発揮できるよう、十全な環境が整えられていたのである。

設計案が審査を通ったあと、金属製の試作品をつくるために自由に使える作業場が必要になった。だが、空いている作業場がなかったため、心ならずも、このショーロヴォ武器試験場を一時的に離れることになった。私は、モスクワの北東にあるコヴロフの工場に赴いた。コヴロフはトゥーラやイジェフスク(3)と同じく武器製造を専門とする町である。ライバルとなるデグチャレフも、当時この町で働いていた。この有名な銃器設計者は、このとき将軍の階級だった。

(3) イジェフスク　ウラル山脈西部、カザン［タタールスタン共和国の首都］とペルミ［ウラル地方西部ペルミ州の州都］のあいだに位置するウドムルト共和国の首都。人口七十万。のちにカラシニコフはこの町に定住することになる私はこのデグチャレフの存在を知り少々不安になった。だが、コヴロフに滞在した一年間、彼とは一度も顔を合わせることはなかった。まるで誰かが私たちのあいだに壁を築いたかのように、それぞれの作業場で、自分の銃の開発にいそしんだのである。

　現在、コヴロフの工場のひとつにはデグチャレフの名前がついている。当時すでに彼にまつわるさまざまな伝説が流布していた。スターリンから個人的に高級車「ＺＩＳ」が贈られたとか、ある大会に集まった会衆を驚かせるため、演壇まで車で乗りつけようとし、そのため建物の奥の壁を壊さざるを得なかったとか、そのとき巨大な黒塗りの「ＺＩＳ」から降りてきた彼は、将官用の重々しい軍服姿で、胸元には数え切れないほどの勲章をつけていた、などなど……。

　一年後、コンペの審査を受けるため、私はモスクワ郊外の懐かしのショーロヴォ武器試験場へ戻った。カーチャとまた会うことができたのが何より嬉しかった。武器試験場には多くの設計者たちが国じゅうからぞくぞくと集まってきた。自分の車から降りるデグチャレフの姿も見えたが、彼は周囲に目をやることもなく、ひとり物思いに沈んでいた。シュパーギンもいた（新聞や雑誌で写真を見たことがあるので顔を知っていた）。シモノフや、ずっとショーロヴォ武器試験場に留まっていたルカヴィーシュニコフやバルィシェフとも、古くからの友人のように再会を祝した。だが、私はまたもや胸が苦しい思いがして心の中でこうつぶやいた。「ライバルたちを見てみろ。ミハイル、さっさと荷物をまとめたほうが、身のためだぞ」。自分にはほとんど勝ち目がないように思えた。

審査委員会が重視した条件は、命中精度、サイズ、重量、信頼性、部品の耐久性、そして構造の単純さだった。私たちの「顧客」である砲兵総局がもっとも発言権を持つ審査員を占めていた。

審査委員会のメンバーが一つひとつのモデルをテストしているあいだ、設計者たちは思い思いに行動していた。デグチャレフは超然とかまえ、テストにはまるで無関心といった様子だ。なにか新しいアイデアに没頭しているようにも見えた。シュパーギンは対照的に、自分の銃の射撃速度の記録をこと細かに分析していた。ブールキンはライバルたちの一挙手一投足に目を光らせ、自分の銃がつねにピカピカの状態にあるように絶えず気を遣っていた。その様子は、まるでライバルたちの妨害工作を恐れているかのようだった。ライバル同士で雑談し、内心の緊張を隠そうとしている者もいた。私もそのひとりだったが、いつもは冗談好きの私でも、そのときばかりはとても笑う気分にはなれなかった。ニールス・ボーア［デンマーク人の理論物理学者。一九二二年にノーベル物理学賞を受賞した］はうまいことを言ったものだ。「ジョークにしないと口にできないような深刻なこともある……」

すべてのテストの最終的な結果は、専門委員会によって詳細に検討された。委員会が出した結論はシビアなものだった。シュパーギンは自分の銃にはチャンスがまったくないと悟り、自ら戦線を離脱した。デグチャレフの銃もよい結果を出すことができなかった。

いくつかの銃は自動的に振り落とされた。結局、三つのモデルが次の試験に進めることになった。幸いなことに私の銃もその中に含まれていた。私たちは審査委員会の提言に従ってそれぞれの銃を改良することになった。依然レースは続いていた。言うまでもなく、最終的に選ばれるのはたったひとつだけだということを、私たちは十分承知していた。

私がカーチャの心をがっちりとらえたのは、ちょうどこの頃のことだ。一年離れ離れになったことで、私たちはお互いにとって大切な存在であることをはっきり悟ったのだった。しかし残念なことに、コヴロフに戻るときには、内縁関係にあったにもかかわらず、カーチャを同伴することができなかった。そこで単身コヴロフに帰ったのだが、それでも私は、二重の意味で幸せで誇らしかった。愛する人がいて、かつ、プロジェクトを継続するために勝者として帰還したのだから。

チームの面々は熱烈な祝福で私を迎えてくれた。多くのメンバーが私の勝利を信じるようになり、デイキン少佐は、工場のもっとも優秀な専門家たちに私の研究を手伝うよう説得してくれた。

「二〇二五年まで、そしてそれから先も……」

自分の人生を一変させるようなアイデアを思いついたのは、このコンペの少し前だ。私は、自分の銃の全体的な構造を完全に変えることにした。だが、コンペの規則で銃の構造を一新することは認められていなかったため、これまでのモデルを単に改良しているふりをしなければならなかった。当時、私がつくろうとしている銃がどういうものであるかを知っていたのは、コンペが始まったときから私の忠実な右腕を務めてきたサーシャ・ザイツェフだけだった。私が考えた変更はコンペの条件として規定された部分ではなかったが、その変更を行うことで、銃の構造が単純になり、水や砂を被る場所やジャングルなど、厳しい使用環境下での信頼性が増す。そこで、このことをデイキン少佐の耳に入れておくことにした。少佐は私の論理的な説明に百パーセント同意してくれた。彼は銃器の偉大な専門家であり、その助言はとても貴重なものだった。少佐が「ＡＫ47」の誕生に果たした役割はとても大きいといえる。

ザイツェフと私は寝る間も惜しんで働いた。使える時間はすべて新しい部品づくりに費やした。遊底作動桿はピストンとともに単体の部品にした。引き金機構と尾筒もつくり直した。そして尾筒内には可動部品がすべて完全に収められた。セレクターレバーの問題も解決した。今回のモデルで、このレバーは、安全、全自動、半自動の切り替え操作ができるように考案された。さらにこれは、尾筒内部を塵やその他の汚れから保護する役割も担っていた。

工場の機械工たちは、新しい部品は以前のものよりもずっと単純で信頼性が高いことをすぐさま理解してくれた。つまり、この考案は、自動銃の歴史においてまさに飛躍的な進歩だった。当時この分野で常識となっていたステレオタイプの殻を打ち破ったのである。

いつの時代にも銃器設計を開発するには独自のプロセスが必要だ。一番重要な技術は、限られた重量とサイズという縛りのなかで、信頼性、操作性、耐久性、精度において望ましい結果を得られるように全体を構成することだ。それぞれの部品自体はずいぶん前から存在し、長い時間をかけて改良、近代化されてきた。今でも使用されている部品の中には、十七世紀、あるいはそれ以前に発明されたものもある。今日、それらを改良したり――あるいは新たにつくりだしたりすることは――、経験豊かなエンジニアにとっても至難の業である。したがって、大切なのは、全体の構成を考え、それぞれの構成部品を最良の方法で配置して、共力作用（シナジー）を生み出すことだ。このため、銃器設計者には三次元空間を視覚化できるような高度な能力が求められるのだ。

銃器は人間と同じで、見た目はどれも似たり寄ったりだ。人間には、目があり、腕があり、脚がある……。だが、一人ひとりはそれぞれ唯一無二の存在だ。銃も同じだ。私の突撃銃は、ほかの銃、たとえばドイツ人のつくった銃とはまったく異なる原理に基づいている。反対に、私がつくった試作品は一つひとつ違うが、基本は同じだ。つまり、銃身の尾部を閉鎖する仕組みはつねに同じだが、それ以外の部分はモデルによってさまざまだ。このロッキング機構はガーランドのモデルと幾分似ているが、まったく同じというわけではない。

ソ連の偉大な設計者、トカレフは、銃の中に塵ひとつ入り込まないように、すべての部品をぴったりとくっつけるという原理を採用し、自身の銃すべてにその原理をあてはめた。私は別のアプローチをした。部品と部品のあいだに隙間をもうけ、まるで一つひとつが宙に浮いているかのように設計したのである。こうすることで、たとえ銃を砂の中に落としてしまっても、機関部がダメージを受けることはなくなる。

だが、こうしてできた私たちの新しいモデルは、大きな利点があるにもかかわらず、いくつかの点で審査要件を満たしていなかった。特に問題なのは銃身の長さだった。私たちは、銃身の長さを五百ミリから四百二十ミリに変えたからだ。だが、銃の全体の長さは要件を満たしていた。

そこで私たちは、コンペからあっさり脱落する危険を覚悟の上で、このまま提出することにした。委員会がすぐに私たちの「インチキ」に気づくことはないだろうと踏んだのだ。最終的には誰かが気づくことにはなるだろうが、それは銃の優秀さがすっかり明らかになってから、できるだけ先の時点であることをひたすら祈った。

私のこの「革命的な」モデルを最初に目にした人間のひとりが、ライバルのデグチャレフ将軍だった。最終試験に先立ち、私たちの「クライアント」の代表者たちがコヴロフ工場を訪問し、私にデグチャレフを紹介しようとした。彼と話したのはそのときが初めてである。

「さあ、それぞれ自分のモデルを披露して、手の内を見せ合いましょうよ」。誰かが冗談めかして提案した。

私もデグチャレフ将軍もそれに同意し、昼夜を問わず計りしれないほどの時間を費やしてきたそれぞれの労作を快く相手に見せた。すると、それまで疲労の色が浮かんでいたデグチャレフの顔が、私の試作品を目にしてぱっと輝いたのだ。彼は、私が特別に解体してみせた一つひとつの部品を細心の注意を払って検分した。中でも遊底作動桿と尾筒に強い関心を示し、セレクターレバーについても、非常に独創的な設計だと評価した。

その間、私は彼の突撃銃を手に取っていたが、少々重いような気がした。そのとき、突然、驚くべき言葉がデグチャレフ将軍の口から発せられた。「カラシニコフ軍曹のモデルの部品設計は、私のものよりもずっと巧妙です。こちらのほうが、間違いなく将来性があると思います。ですから私は最終審査への参加を辞退いたします」

デグチャレフはかなり大きな声で宣言したので、その場にいる全員が彼の言葉を耳にした。

私はその瞬間のことをはっきりと覚えている。将軍は軍服姿で、「社会主義労働英雄称号」を胸に付けていた。彼のような人物がこんな言葉を口にするのは、いかに勇気のいることだっただろう。将軍が体制の「お気に入り」のひとりであればなおのこと、それは誠実で、気高い行為だった。多くの人が自分の名声を利用するように、彼もまた、その気になれば、コンペで選ばれるために自分の立場を利用することができたのだから。

だが、クライアントの代表者たちは、コンペの最終段階に参加するよう、なんとかデグチャレフを説得した。結局、デグチャレフは、最終段階に入ると、いくつかのテストを行っただけで、さっさと帰ってしまった。審査に最後まで残ったのは、ブールキン、デメンチエフ、私の三人だけだった。

テストが再開され、命中精度の試験を行っているとき、委員会はついに、私の銃が要件を満たしていないことに気づいた。突然、ひとりのエンジニアが、物差しをひっつかんで銃身の長さを測り、大声をあげたのだ。「おい、この銃の銃身は所定の長さより八十ミリも短いぞ！規定違反だ！　懲罰ものだぞ！」

しかし、私の銃が命中精度において最高の結果を出していることは誰も否定できなかったので、委員会は、最終的に私たちをこのままコンペに参加させる決定を下した。

私は警告を受けた。今後は審査委員会が課した規定から逸脱することのないよう注意しなければならない。それでも大満足だった。というのも、その後すぐに私の銃の信頼性が証明されたからだ。私の銃は射撃中、一度も弾詰まりを起こすことがなかった。しかも私の目には、私の銃がライバルの銃に比べて一番エレガントに見えた。

テストはどんどん過酷なものになっていく。装塡した銃を池に落としたり、砂の中で引きずったりしたあと、引き金を引く。砂は機関部の内部にまで入り込んでいた。だが、そうした熾烈な環境にもっともよく耐えたのは私たちが開発した銃だった。大部分は、ザイツェフといっしょに考えついた、部品と部品の間に隙間をつくって配置する方法のおかげだった。

私の改良部分にいかにメリットがあるか、誰の目にも明らかになった。私は有頂天だった。新しい尾筒とセレクターレバーは、主な機能に加え、銃を砂や泥や水から守る役割も果たしており、さらなる信頼性を銃にもたらしていた。

銃の信頼性と耐久性を試すテストがさらに続けられた。銃をコンクリートの床にいろいろな角度から投げつける。衝撃を与えたあとでも、機関部が無傷なままであるかどうかが確かめられた。

すべてのテストが終了すると、専門委員会によって射撃試験の結果が詳細に検討された。ここで、武器専門家マリモンの報告書の一部を引用しよう。

砲兵総局が定めた新しい戦術技術規定（一九四五年）に従い、N・V・ルカヴィーシュニコフ、M・T・カラシニコフ、A・A・ブールキン、A・A・デメンチエフ、G・A・コロボフから成る設計者たちは、それぞれ突撃銃を設計・製作し、ショーロヴォ武器試験場で行われたコンペに提出した。試験は、I・Ia・リチシェフスキーが作成した指示書に基づき、N・S・オホートニコフが長を務める委員会により、一九四七年六月三十日から八月十二日にかけて実施された。

これと並行して、スダレフの「AS44」短機関銃、シュパーギンの「PPCh41」、ドイツ製「MP44」の比較試験も実施された。

時代の需要に応えるために、V・A・デグチャレフは、本テストに、肩に担いでも、あるいは三脚付きでも使用可能な軽機関銃を提出した。本銃は、すでに設計者たちが盛んに採用している、回転型閉鎖機構とベルト式の給弾システムを採用するものだった。だが、さまざまな理由から、本銃は最終的に量産には至らなかった。

第一段階のテストの結果、委員会は、カラシニコフ、デメンチエフ、ブールキンの銃を候補作として選定し、次段階への課題として、各設計者に対し、射撃における精度とスピードの向上、銃器の重量とサイズの低減、並びに耐久性の増大を図るよう提言した。

審査委員会は審査作業を次のような意見書で締めくくっている。

その一、提出された突撃銃のいずれもが砲兵総局のTTT基準を満たしていないため、これを量産品として推奨することはできない。

その二、カラシニコフの突撃銃（プレス加工された尾筒を備えている）、並びにデメンチエフとブールキンの銃がTTT基準にもっとも近い結果を出したために選ばれ、改良されることになった。改良作業は、本報告書の結論に全面的に従う形で行われなければならない。

本意見書は、一九四七年十月十日付で、ソビエト軍総局の決定を通じて確認された。


一九四七年は私にとって決定的な年だったが、我が国にとっても転換点だった。冷戦という国際情勢の中で、このターニングポイントは国防力に関わるものだ。というのも、まさにこの年、ソ連の科学者たちが原子爆弾の製造に成功したのである。また、通貨改革や配給カードの廃止が実施された年でもある。

一九四八年一月十日、ショーロヴァ武器試験場で科学技術委員会の会議が開かれた。その十三人のメンバーのうち、カラシニコフ突撃銃がすべての要件をもっとも満たしていることに異議を唱える者はいなかった。

私はそのことを今でもとても誇らしく思っている。AK47の基本原理に基づいて製作された銃が五十年以上も使われているという事実は、戦場でのこの銃の優秀性をはっきりと立証している。二十世紀後半につくられた突撃銃や軽機関銃のすべてに、それがロシア製であろうと外国製であろうと例外なく、ＡＫの基本原理を模倣した要素が見られる。そして今日でもなお、一九五〇年代につくられたカラシニコフ銃がまったく問題なく作動しているのだ。

★★★

ＡＫ47の発明者について、疑いの目を向けようとする者もいる。スキャンダルを主に扱う『モスコフスキー・コムソモーレッ』は、最近、センセーショナルな記事を発表した。私がコヴロフ工場で完成させたＡＫ47は、その中傷的な言葉によれば、前身にあたるＡＫ46とは似ても似つかないものであり、競合していたブールキンとデメンチエフの銃を私が模倣したにちがいない、とほのめかしたのだ。記事には、まるで私が彼らの銃の要素を「盗んだ」かのように書かれていた。私は八十三歳だが、命あってこのような偽りの告発に抗議できたのは実に幸いなことだ。私は、まさに同じ新聞の別の記事で反論したのである。

私たち設計者の一人ひとり、ライバルのそれぞれが、銃を製作する上で自分だけの独創的な基本原理を持っていた。それは設計者本人しか知りえない、決定的かつ重要機密の情報のはずだ。

私は、自動銃を研究した同業者たちの仕事を正当に評価している。彼らの銃は、一九四三年にその原型がつくられた弾薬を使用するものだった。私はＡＫを開発する前、短機関銃や自動装填式カービン銃を製作したが、そのなかには、のちにAKに使用される部品や機関部がすでにいくつも見られる。私はつねに重要な問題については自分の意見というものを持っていた。だが一方で、同僚や軍事専門家の助言にも注意深く耳を傾けた。さらに、ショーロヴァ武器試験場にあったロシア製や外国製の武器の部品や機関部のすべてを対象に、細かい分析も行った。もっともコンペに参加した設計者であれば誰に対しても、提出された銃器をあまさず検討し、自分がつくったものと比較する機会が与えられたのだ。だから、ほかの人たちと同様、私も自分が目にした武器から着想を得ることができた。たとえば、ガーランドのアイデアを借用したことを決して否定はしない。

それぞれの部品と機関部の理想的な共力作用（シナジー）を得るため、コンペに提出する前に自分の試作品を何度も何度もつくり直した。ライバルたちも皆、大変な苦労をしていたが、コンペの最終段階まで残るチャンスに恵まれたのはほんの数人だった。私を助けてくれた同僚や軍事専門家たちに感謝している。というのも、このプロジェクトをひとりで遂行するには、私の技術的知識では明らかに足りなかったからだ。アメリカの武器専門家で歴史家でもあるエドワード・C・エゼルが、『THE AK47 STORY』(4)のなかで私についてこう書いている。「彼は設計者として天与の才があった。だが、彼は同僚たちの知識に頼っていた。これらの人々の力があったからこそ、彼は自分自身の銃、彼の最初にして最大の発明物、AK47を完成させることができたのである」。まさにその通りだった。

現在まで、私は、銃のさまざまな部品や銃そのものについて、五十を超える意匠証明書を取得している。そのうち五つは、ＡＫの開発に着手すらしていない時期に与えられたものだ。だからＡＫ開発以前に、私はすでにある程度必要な基礎を備えていた。ＡＫに先立つ発明物のいくつもの要素が、見直され、改良されてＡＫの中で開花した。とはいえ、それまでより良いアイデアが生まれたときには、惜しげもなく以前のアイデアを放棄した。

設計者であれば誰もがそうであるように、私も、成功の前に数々の失敗を経験した。ただ単に、ＡＫ47の開発以後は、成功する機会がずっと多くなり、失敗が少なくなっただけのことなのだ。

★★★

委員会の決定の翌日にはもう、私はサーシャ・ザイツェフとデイキン中佐とともにイジェフスクに向けて出発した。ＡＫ47の初めての量産に取り組むためだ。限定量産されたＡＫを使って、今度は軍の内部でさらなる試験が行われることになっていた。この部隊試験の段階で、武

（4）エドワード・Ｃ・エゼル（一九三九〜一九九三）　世界的に有名な歴史家・武器専門家で、スミソニアン協会が運営するワシントンの国立アメリカ歴史博物館の一部門の責任者でもあった

器の開発に待ったがかけられるのも珍しいことではなかった。

初めての量産は、モスクワから東に約千キロ離れたイジェフスクの町にある工場で行われることになっていた。列車で二十時間ほどの旅だった。AKを生産するイジェフスク工場はもともと武器工場ではなく、オートバイ工場だった。だから当時、これからの人生をこのイジェフスクの町で送ることになるとは、夢にも思っていなかった。

工場の設計責任者は、ダヴィッド・アブラーモヴィチ・ヴィノクゴイズといった。彼はエンジニアと専門工を何人か指名し、私の銃器を製作する作業班を編成した。この機会を利用して、彼にほかのいくつかのプロジェクトについても相談してみた。突撃銃に加え、最新の改良を加えたほかの自動銃のモデルもいくつか製作したかったのだ。するとすぐにヴィノクゴイズから了解を取りつけることができ、私の考案したいくつかのモデルが工場で製造された。残念なことに、それらの銃は試作品の段階にとどまったのだが、AK47の性能の向上には大いに役立った。

ヴィノクゴイズとはすぐに親しい友人となり、その友情は、彼が亡くなるまで三十年にわたって続いた。

工場の設計責任者の役割はとても重要だ。工場では通常、十種類に及ぶことさえあるさまざまなモデルを同時に生産しており、設計責任者はすべてのモデルの製造に関わるさまざまな問題を担当しなければならなかったからだ。

私の突撃銃の最初の量産品は期日どおりに製造され、モスクワに送られた。工場で生産されたその銃の品質は完璧なものだった。二カ月後、私はモスクワの砲兵総局を訪れた。モスクワに着くと、自ら私の銃を試したがっているヴォロノフ砲兵元帥とともに列車で試験会場を訪れた。ヴォロノフは専用の客車を所有していた。だが、その客車に乗り込んでみて驚いた。デグチャレフとシモノフが同乗していたのである。私の突撃銃のテストは、デグチャレフの軽機関銃やシモノフの自動小銃のテストと同時に行われることになっていたのだ。

夕食はヴォロノフの客車で取るように言われていたが、なんと、デグチャレフやシモノフ抜きで私だけが招待されていた。ヴォロノフ元帥とはすでに面識があった。一九四四年以降、私のさまざまな開発プロジェクトに対する助成金を承認し続けてくれたのは、ほかならぬ元帥その人だった。

夕食のあいだ、私はどのように銃を改良したかについて元帥に語ってきかせた。そして、元帥が認めてくれた貴重な資金援助に心からお礼を言った。ヴォロノフは本当にすばらしい人物である。

試験場に着くと、それぞれに仕事と休息のための部屋が割り当てられた。ヴォロノフ元帥は、私を兵士に紹介する段になると、いきなりその大きな体で、私を空中に持ち上げた。

「カラシニコフ軍曹を紹介しよう。いや、カラシニコフ設計技師と呼んだほうがふさわしいかもしれん。彼は、自身が手がけた突撃銃について諸君の意見や感想をきくためにやって来たのだ」。私は戸惑い、真っ赤になったが、兵士たちからは盛大な拍手が沸き起こった。おそらく彼らは、一介の兵士でも偉大な武器設計者と肩を並べることができるのだという事実を喜んでいたのだと思う。

私は、兵士たちから寄せられた私の銃に対するコメントの一つひとつに注意深く耳を傾けた。その結果、私の銃は音が大きすぎるという事実が判明した。集中射撃訓練の三日後でも耳が痛いと不満を述べた者もいた。私自身、すでにこの欠点に気づいていたため、その苦情には大して驚かなかった。解決方法はすでに知っていたのだが、現行の製造規則をこれ以上違反したくなかったので、そのままにしておいたのだ。その方法とは、ただ単にマズルブレーキ（銃口制退器）を取り外すことだった。ヴォロノフ元帥がその案に興味を示してくれたので、早速その場で試してみたところ、音は著しく減少し、弾はもっと撃ちやすくなった。そこで、量産はマズルブレーキなしで行われることになった。

また、分解できない引き金機構など、いくつかの部品の掃除や塗油が難しいと不満を訴える兵士もいた。

私はそうした意見すべてについて検討を重ね、デグチャレフやシモノフにも相談した。すると彼らは彼らで、頭を悩ませていることがらについて私に語ってくれた。私たちは三人とも、栄光の絶頂にいた。三人とも四六時中仕事のことばかり考えていた。散歩をしようが休もうが、何をしていても、どうすれば銃が改良できるかという思いが頭から離れなかった。

デグチャレフはコヴロフにある彼の工場で、ドイツ軍から奪った武器を一堂に集めた展示会を開催したばかりだった。彼は私たちに、ソ連軍の兵器とドイツ軍の兵器を比較し、その違いを説明してくれた。彼はドイツ軍の兵器について学ぶことには意味があり、決して無駄ではないと考えていた。にもかかわらず、その展示会は、ナチスドイツの銃器に対するソ連軍の銃器の優位性を明白に示すものとなった。たとえば、一九二七年に赤軍に装備されたデグチャレフの軽機関銃は、その後二十年を経ても自動銃の規範モデルとなっていたのである。

三人が親しくなったのは、純粋に技術的な問題だけでなく、それぞれがあらゆる分野についての知識を渇望していたからだ。私が知っているソ連の武器設計者には共通点が見られる。それは皆、教養を高めることを生きがいとしていることだ。読書が趣味なだけでなく、ほぼ例外なく、狩猟や釣り、そして自然全般を愛している。彼らは皆、私と同じように、熱中しやすい人たちである。そのために、長生きする人が多いのかもしれない……。

★★★

出発前夜、それまでずっと引き込み線上に停車させた専用の客車に滞在していたヴォロノフ元帥に再びその客車に招かれた。行ってみると、十人ほどの将校がいた。「みんな君のことを知りたくてな。出身や家族のことなど、君の人生について少し話してくれないか。デグチャレフやシモノフのことはよく知っているのだが、君のこととなるとさっぱりだ」

これが私にとって初めての「記者会見」だった。もちろん、本当の人生を語るわけにはいかない。そんなことをしたら、設計者として仕事を続けることができなくなっているに違いない。どれほどひどい目に遭うか、しれたものではなかったのだ。シベリアに強制移住させられた子供時代や、富農（クラーク）、すなわち「人民の敵」の息子だった過去について語るわけにはいかない。私はずっと以前から用意していた作り話、多くの事実を「割愛」した生い立ちを話した。

その会見のあと、ヴォロノフは私に、このまま彼の客車に宿泊し、いっしょにモスクワに戻ることになると告げた。そして翌朝、元帥に重大な質問をされた。このまま軍に残るのと、除隊して文民となって設計の仕事をするのと、どちらを希望するかときかれたのだ。トカレフとシモノフは文民だが、それでも軍の内部では大変に尊敬されていた。ヴォロノフは明らかに私に軍に残り、デグチャレフと同じ道を歩んでほしいと思っているようだった。しかし私は、ずいぶん前から軍服を脱ぎたいと思っていた。カーチャとやっといっしょに暮らせるようになり、私にはすでに二人の子供がいた。もう少しのんびりとした生活がしたかったのだ。ヴォロノフ

左からカラシニコフ
長女レナ、
妻カーチャ

元帥はその決断に少々がっかりした様子を隠せなかったが、それでも私の意志を尊重してくれた。そして出し抜けに、私の写真が欲しいと言いだした。しかもサインつきで。私が将来有名になることを予想していたのだろうか……。

★★★

その後ほどなくして、私は家族と工場が待つイジェフスクに戻った。ここでの問題は、あらゆる分野の専門家をそろえた優秀なチームを編成し、訓練することだった。新しい目標ははっきりしている。「AK47カラシニコフ 7・62ミリ突撃銃」という正式名称を持つ、私が設計した突撃銃を量産することである。「AK」とは「Avtomat Kalachnikova（アフタマート・カラーシュニカヴァ）」の頭文字をとったもので、ロシア語で「カラシニコフの自動突撃銃」という意味だ。「47」はもちろん、軍で採用されたモデルの設計年を示している。

軍内テスト用の最初の量産はイジェフスクのオートバイ工場で行われた。その後、すべてが同じイジェフスクにある別の工場[5]「イジマシュ」に移された。この工場はずいぶん昔から武器を生産しており、一八一二年の「ボロディノの戦い」でロシア軍がナポレオン軍と戦ったときの兵器もここでつくられていた。

この一九四八年、私は毎日、誰よりも早く工場に行き、誰よりも遅くまで工場に残っていた。チームは少しずつではあったが、確実に体《たい》をなしてきた。真夜中過ぎまで働くこともしょっちゅうだった。

突撃銃が正式に採用され、ソ連軍の装備の一部となったとはいえ、私にはつねに新しいアイデアがあり、それを実際に試してみたかった。たとえば、部品のひとつである遊底について、百パーセントは満足していなかったので、つくり直したいと思っていた。そのためにはいくつかの小さな部品に変更を加えなければならない。だが、障害があった。上司が私の提案する変更を承知してくれないのだ。彼らは製造責任者として、決してリスクは冒そうとしなかったのである。工場における軍の責任者は、――彼は私の友人でもあったのだが――、生産ラインにこの変更を加えることを一切認めなかった。そこで悪知恵を働かせることにした。彼が年次休暇を取るのをいまかいまかと待って、その不在の間に新しい部品をラインの中に組み入れたのである。彼が休暇から戻ったときには、変更された部品での生産がすでに始まっていた。どうなることかとびくびくしたが、彼は仕方がないとあきらめ、特にとがめられることもなかった。

★★★

そのおよそ五十年後、私の七十五歳の誕生日を祝うため、エリツィン大統領が自らイジェフスクの町にやって来た。大統領は厳粛なスピーチを行い、そのなかで特に、私が受けた損害を償いたいと述べた。「AK47」は特許を取っていなかったため、私が遅ればせながら自分の発明した突撃銃の使用料を受け取れるように、不当な状況を改善すると約束してくれたのだ。だが、哀しいかな、これは空約束に終わってしまった。

カラシニコフは世界中で使われている銃であるにもかかわらず、その第一号の登場から数十年を経た最近になってようやく、私たちの工場は特許を取ることに成功した。だが、これはエリツィンにはまったく関係のないことだ。私個人は依然として、売買された銃器からは一コペイカたりとも受け取っていない。もし仮に、全世界で製造されているカラシニコフ銃一丁につき一ルーブルでもいいから国から支払われていたとすれば、私はそれを使って、相当数の若い発明家たちを支援することができただろう。

(5) イジマシュ　ロシア語の「イジェフスク機械建造工場」の略号

現在、私たちのイジェフスク工場では、カラシニコフ銃はほんのわずかしか製造されておらず、むしろカラシニコフモデルを真似た猟銃をつくっている。そして私の銃を生産しているほかの国々は、「純粋な贈り物としてソ連からその権利をもらったのであり、勝手に生産してもかまわない」と主張している。だから私は、それがロシア国内であろうと海外であろうと、銃器の製造あるいは販売に関わったり、そこから利益を得たりしたことは一度もない。その点ははっきりと強調しておきたいと思う。

★★★

このようにして、わずか二年余りで新しいタイプの自動銃が生産された。通常、このようなプロジェクトには四年か五年はかかるものだ。アメリカの銃器歴史家のエゼルはこう記している。「カラシニコフ突撃銃が世界の舞台に登場したことは、ソ連が端緒を開いた新しい科学技術時代を示すひとつのシンボルである」。エゼルの言葉を続けよう。「銃器の分野において、ソ連で偉大な発明が生まれた。カラシニコフの銃は、おそらく二〇二五年、ひいてはそれを超えるまで使われるだろう」

第四章 唯一の銃器

1990年、カラシニコフ（写真右）のライバルといわれたアメリカ人銃器設計者ユージン・ストーナー（左、M16の開発者）と

一九四九年はソ連の防衛戦略において重要な意味を持つ年となった。というのも、この年初めて、政府が核実験を公式に発表したのである。政府のキャンペーンのもと、反アメリカ主義が高揚し、冷戦が数十年にわたって世界を支配した。

一九五二年、ボルシェビキ党はソビエト連邦共産党となった。その後、古参の実力者たち（モロトフ、ミコヤン、ヴォロシーロフ）は権力から排除されてゆく。一九五三年三月五日にスターリンが死去すると、その日のうちに、マレンコフ、ヴォロシーロフ、フルシチョフが集団指導体制（いわゆるトロイカ体制）を敷き、権力を掌握した。スターリンの恐怖政治は終焉し、審議中の大きな裁判も棄却された。後に国防大臣となるジューコフ元帥によって、あの悪名高い秘密警察長官だったベリアが中央委員会の会議中に逮捕され、数カ月後に銃殺された。この不安定な権力移行期は、同年九月、フルシチョフが最高位のポストである党中央委員会第一書記に就任したことで決着をみた。

フルシチョフが最初に行った措置は、コルホーズ農民の生活を向上させることだった。農民の状況はまさに国の主要課題のひとつであった。このプログラムを主導したマレンコフは、国民の要求に応えようとしない官僚機構の改革にも着手した。だが、自身の権力を磐石なものとするために官僚機構を必要としていたフルシチョフは、マレンコフのこの動きを警戒し、彼を失脚させた。

もうひとつ、一九五六年二月にも時代を画する出来事があった。第二十回党大会の秘密会合で、フルシチョフがあの有名な「個人崇拝とその結果について」という報告を行ってスターリンを批判し、出席者を唖然とさせたのだ。彼は、社会主義建設にまつわる忌まわしい逸脱行為のすべてをスターリンの責に帰した。フルシチョフはこの「最高指導者」が行った政治を総括し、功績として、対抗勢力に対する闘争、集団化、工業化、そしてナチスドイツに対する勝利を、罪として、「スターリンの性格が損なわれ始めた」時期に出現した「個人崇拝」をあげた。そしてわけても出席者たちを震撼させたのは、弾圧による犠牲者の数である。社交界の花形や知識人のほか、おびただしい数の無辜《むこ》の民衆がスターリンによって抹殺されていた。

だが、スターリン批判は、とりもなおさず、フルシチョフ自身をも含む共産党指導者たちすべての政治的信念を揺るがすものだった。体制にはこのような激震に耐えうる用意がまだ整ってはいなかった。一九五六年のハンガリー動乱とブダペストにおける民衆蜂起の鎮圧は、このような動きがソ連にも波及することを恐れる党を不安に陥れた。これによって自由化は棚上げされた。フルシチョフは、敵対する「右派」勢力と、さらにはジューコフ元帥を含む盟友すらも排除し、全権力をその手中に収めた。民主化はストップしたが、文化面での「雪解け」はこれ以後数年間継続し、社会主義建設の理想に燃えた革命期と革命直後のロマン主義が復活した。

不幸なことに、一九六〇年代初頭には経済的な不振が相次いだ。フルシチョフの政策は場当たり的なもので、「トウモロコシキャンペーン」や処女地開拓といった彼が重視した計画はさんざんな結果に終わった。農民は危機的な状況に追い込まれ、農村は荒れ、貯蔵庫は空になった。何世紀ものあいだ連綿と続いてきた豊かなロシアの伝統はこうして消滅する。また、肉やバターの価格が高騰するとともに、民衆の不満も高まった。ノヴォチェルカスクやドネツ地方、オムスクその他でデモが発生したものの、徹底的に鎮圧されている。だが、一九五五年以降、軍もフルシチョフを嫌っていた。というのも、ワルシャワ条約機構が創設されたこの年、核兵器の開発を優先させるため、通常の軍備にかかる予算が大幅に縮小されたからである。これにより、総計で二百万人近い兵員が削減されることになった。さらに、キューバ危機と中国との不和は結果的にフルシチョフの威光を損なった。だが、彼の最大の失策は、ノーメンクラツーラと党の権益を脅かしたことだった。一九六四年十月、彼らは共謀し、フルシチョフが休暇をとっているあいだを利用して彼の解任を準備した。フルシチョフは強制的に引退させられ、すぐにレオニード・ブレジネフとアレクセイ・コスイギンがあとを引き継いだ。

これにより、フルシチョフの時代は幕を下ろした。このスターリンの後継者は、さまざまな過ちを犯したものの、この時代、生活水準の向上、大量の住宅建設、科学技術の発展、文化面での雪解けなど、多くの分野でソビエト社会の改善がみられた。
そして何よりも、狂信主義と恐怖が支配する時代に終止符が打たれたのである。

銃の規格統一を目指して

一九四九年、これまでの私の功績に対する褒章として、スターリン賞を授与された。だが、私はそれを、なんと新聞で知った。自分のことが書かれている記事を読んだときには、気が動転した。同じ日、デグチャレフとシモノフもそれぞれの新しい銃を理由に叙勲されていた。人々は私の若さと、何より軍における階級の低さに驚いたそうだ。スターリン賞は大きな名誉であるのと同時に、十五万ルーブルという高額の賞金がついていた。これはまさに一財産であり、最高モデルの車を一ダースほど買うことができる額だった。

その年、私は軍を除隊した。文民の生活に戻ることができて嬉しかったが、自由に使える時間は増えなかった。新しい銃が量産段階にはいれば銃器設計者の仕事は終了するなどと考えるのは間違いだ。製造技術を改善するための仕事には際限がなく、工場で生産された銃の品質にも絶えず目を光らせなければならない。さらに、モデルの改良や新しい試作品についても考えなければならない。進歩を先取りするレースにおいては、つねに競争力を維持する必要があるのだ。

私と家族は、以後、イジェフスクの町に落ち着くことになった。カーチャはすでに外で働くのをやめていた。子供たちの世話や家事など、家の中の一切を切り盛りしていたカーチャはとても明るく、社交的だった。簡単な食材を使って美味しい夕食をつくり、しょっちゅう友人たちを家に招いていた。彼女は、ダンスが好きなだけでなく、ちょっとした風刺詩をつくるのも得意で、よくみんなを笑わせた。家の中はとても明るく開放的だった。

イジェフスクに住み始めたときには、共同住宅内の質素な一部屋だった。家具もまったくなかった。マットレスをつくるため、ある日カーチャは、近くの村まで干草をもらいに行った。羽飾りのついた帽子をかぶったエレガントな彼女が、干草を積んだ荷車を押しながら輝くような笑顔で戻ってきた姿が、今でもありありと目に浮かぶ。

私たち夫婦は若かった。スターリン賞を授かるまでは、財産と呼べるものなど何もなかったし、私はしがない一兵卒に過ぎなかった。カーチャも決して裕福ではなかった。だから、賞金でまずは衣服を整える必要があった。私はカーチャの美しさにふさわしい服をプレゼントしたかった。私たちは流行最先端の服と、車を一台購入した。当時、車を買うのは簡単なことではなかった。車を手に入れるためには、お金だけでなく、コネも必要だったのだ。

オートバイ工場に別れを告げ、ＡＫの生産ラインとともに、私たちもイジマシュに移転した。私は、今現在もここで、カラシニコフ銃の設計責任者として勤務している。私は一貫して設計者として働いてきた。社長にも重役にもなったことはなく、どんなささやかな決定権も持ったことはない。特に当時は、まったく無名の存在だった。通常、表に出るのは工場長であり、設計者ではなかったからだ。

私の仕事は「防衛上の機密」とされ、私自身、厳格極まりない守秘義務が課せられていた。そして、小さいとはいえ人口三十万を抱えたイジェフスクの町そのものが「機密」とされていた。ここは一種の「立ち入り禁止地区」で、今でも、外国人が訪れるのはまれだ。この町に入るために、表向きは、ロシアの査証のほかに特別なビザが必要とされている。このような規則は少しずつ緩和されつつあるものの、最近でも、私の娘が特別なビザを持たないフランス人の友人を町のホテルに泊めようとして、問題が起きたほどだ。

★★★

発明品に対する特許もなく、銃器の販売から一銭も得ていないとはいえ、私には当時「個人的な給料」と呼ばれていた相当額の報酬が支払われていたため、私たち家族の暮らしぶりはかなり恵まれたものだった。過剰なものなどなかったが、足りないものも何ひとつなかった。だが、私は依然として「予備役軍曹」という階級のままだった。この階級は、ずっとのちに、「ロシアのしがない軍曹が、ワルシャワ条約機構加盟国すべての軍の装備を担当」といった内容の記事がアメリカで出されたときまで変わらなかった（ちなみに、これは西側が初めて私のことに言及した記念すべき記事である）。ところがこの記事が出たとたんに、当局は、あたかも偶然を装って、私の階級を上げるべく動き始めたのである。エリツィンが政治の表舞台に登場したとき、私はすでに大佐に昇進していた。もっと上の階級ももらえたのだが、閣議の決定により、平時における将官への特別昇任は禁止されていたため、大佐止まりだった。それでもエリツィンは、ソ連邦の解体ののちに私を特別扱いし、将軍（少将、のちに中将）に任命した。

ほかの設計者たちが、意のままに使える大きな工員チームを抱えていたというのに、私には、イジェフスクの工場で小さな作業チームしか与えられなかった。熟練したスタッフをもっと充当してほしいと何度も要求したが、そうした要求が認められたことは一度もなかった。それがかなっていれば、銃器の分野でもっと多くの発明を、もっと早く、もっとよい労働条件でできただろうにと思うと、残念でならない。

それでも、工場の中で私は少しずつ昇進していった。まず、設計責任者補佐になり、ついには設計責任者となった。つねにほかの武器工場との競争状態にあったため、とにかくがむしゃらに働かなければならなかった。下手な謙遜抜きで言えば、この五十年間、誰も私たちには勝てなかった。その理由は簡単だ。ＡＫ47をスタートしたときのコンセプトが最高のものだったからである。

ＡＫ47の単純な構造や信頼性は、私たちの設計部が考案し、私たちの工場が生産したほかのすべてのモデルに共通している。ライバルが私たちを追い抜くことができなかった理由がここにある。工場では今でも、嬉しいことに、私のさまざまなモデルをもとにカービン銃や猟銃などを製造している。

今日、私はもう秘密の存在ではない。世界中の人々と話をし、海外から数十通もの手紙を受け取っている。工場を経営しているのはこの私だと思っている人も多い。我が国のシステムがほかの国とはまったく異質だということを知らないのだ。私は自分の銃の設計以外、采配をふるうような権利をもっていない。ただ、ロシア武器製造者連盟の会長だけは務めさせてもらっている。

★★★

一九五〇年代初頭、私たちは重大な課題に直面した。新たな目標がソ連の銃器設計者たちに対して設定された。スターリンがすべての銃器の規格を統一しようと考えたのだ。当時、ソ連軍は、私のＡＫ47、デグチャレフの軽機関銃、シモノフの半自動カービン銃の三タイプの銃器を装備していた。使われている弾薬はすでに統一されていたが、それ以外はばらばらだった。それぞれの銃はそれぞれ固有の部品で構成されており、装塡方式ですら異なっていた。軽機関銃は一帯百発の給弾ベルトを、カービン銃は十発入りの固定式弾倉を、そして私の突撃銃は三十発入りの着脱式弾倉を採用していた。各々の部品を統一することによって大きなメリットが生まれることは、火を見るよりも明らかだった。

そこで一九五四年、砲兵総局は、新口径を採用した統一規格の試作品を製作するため、新たなコンペを開始した。コンペの仕様では、銃の軽量化を図り、命中精度を高めることも定められていた。シモノフやデグチャレフと同じように、私もまた、既存の自分の銃をベースに問題に取り組んだ。まったく新しい試作品を設計することもできたのだが、ＡＫ47がすでにその単純な構造と信頼性において真価を発揮していたので、新たに一からつくる必要はないと判断したからだ。

銃器設計者で銃の統一化を夢見ない者はいないだろう。だが当時、まだそれを成し得た者はいなかった。突撃銃と軽機関銃を同一の規格でつくるのは容易なことではない。二つの銃が異なるコンセプトに立脚しているからだ。それに、突撃銃の耐用年数は軽機関銃の二分の一である。そうは言っても、これらの銃を共通のベースに基づいてつくり上げることは不可能なことではない。またそこには大きなメリットもある。銃の規格統一は、大規模かつ確実な経費節減につながり、銃器の取り扱いを容易にするからだ。

たとえば、戦闘中、何らかの理由で使用している銃の部品のひとつが動かなくなったとする。そんなとき、ほかのタイプの銃の部品で代用することができる。弾薬が足りなくなったときも同様だ。軽機関銃を担いでいる仲間のところに行き、弾薬を分けてもらえばいい。

理由はよくわからないのだが、ロシアや、さらにイスラエルなどカラシニコフ銃をベースに自動銃を製造している国々以外では、銃の統一規格を採用しようとする動きはなかったようだ。だがそれが可能になれば、突撃銃を扱える兵士なら問題なく軽機関銃も使用できるようになる。なにしろ、操作の手順も動作も、すべて同じなのだから。

★★★

統一化における最大の課題のひとつが、給弾方法だった。軽機関銃は百発の給弾ベルトを使っており、私の突撃銃の装弾数は、コンペの仕様と照らして不十分だとされていた。そこで私は最終的に、七十五発入りの円形の金属製弾倉を設計した。工場で試験してみたところ、弾倉は堅牢で信頼性も高いことが判明した。新しいマズルブレーキを取り付けたことで、不安定な状態における命中精度も向上した。解体できる部品はすべて、タイプの異なる銃のあいだでも互換性があるように設計した。

私の突撃銃と軽機関銃は以前のものよりずっと軽量化され、命中精度も向上した。また、銃剣はナイフ型に交換した。これは大変実用的だった。銃身の先に装着されるこのナイフは、着脱が容易で、たとえば鉄条網を、電流が流れている状態でも切断することができた。

コンペの試験はモスクワ郊外にある、あの古き懐かしいショーロヴァ武器試験場で開始された。やり方は従来通り。つまり、段階ごとに参加者が振り落とされ、最終的にひとりに決まるというシステムだ。私は最終段階まで残り、トゥーラ造兵廠のコロボフと争った。コロボフのつくった突撃銃と軽機関銃はとても優れていた。彼の勝利を予想した人が多かったが、最終的に選ばれたのは私だった。

この間に行われた作業については、マリモンが詳細に記述している。

一九五五年から五六年にかけて、武器設計事務所のほとんどが銃器の規格統一化事業に参加した。コンペには、この需要を先取りしたG・A・コロボフとA・S・コンスタンチノフのほか、M・T・カラシニコフ、S・G・シモノフ、V・A・デグチャレフ、G・S・ガラーニンが参加した。

作業およびテストの開始早々、規格責任者は、突撃銃の耐用年数の目標を、基準となるAK47の耐用年数より三分の一ほど短くした。また、重量に係る目標も、二・八キログラムから三・一キログラムに緩和された。

シモノフの突撃銃を除き、提出されたすべてのモデルが事前試験を通過した。AK47を基本にカラシニコフが製作したモデルについては、ショーロヴァ武器試験場で数多くの試験が実施された。だが、これらのあらゆる試験の結果、一九五五年末、当局は単に既存のAKを改良することを決定した。

一九五六年末、いくつかの武器設計事務所が、ショーロヴァ武器試験場が開催した新たなコンペに各々の突撃銃と軽機関銃のモデルを提出した。

事前試験のあと、カラシニコフの新しい突撃銃が完成した。新型モデルでは、既存AKと同様の単一部品で作られた遊底作動桿と照準器とグリップがついており、その一方で、自動カービン銃から借用し、その性能を阻害していた要素は取り除かれていた。改良AKの主なアイデアは、尾筒をプレス加工で製作した点で、これにより重量を著しく軽減し、使用する金属の量を減らすことに成功した。

また、過酷な条件（砂塵や降雨）の下で、信頼性にかかわる要件を完全に満たしたのはカラシニコフの銃だけだった。したがって、コンペの結論から、カラシニコフの銃がもっとも将来性があると見なされた。技術的にはAKを凌いでいたコロボフとコンスタンチノフの銃もすばらしい成績を収めた。もっとも健闘したのがコロボフの銃で、カラシニコフのモデルとともに開発の最終段階まで進んだ。

こうして、私の突撃銃「ＡＫＭ」（「Ｍ」は「改良・現代化された」の意味）と軽機関銃「ＲＰＫ」（「カラシニコフの軽機関銃」の意味）は、ほかのすべての銃に代わり、軍内で使用されることになった。

実際、私の突撃銃は、それ自体の利点に加え、シモノフのカービン銃のさまざまな利点を結集してつくられていたため、シモノフの銃を完璧に代用することができた。ＡＫＭの登場によって、シモノフのカービン銃の生産は打ち切られることになったのだ。

これ以降、軍で使用されてきた銃器の三つのモデルは、同じ口径七・六二ミリの弾薬を使用するＡＫＭとＲＰＫの二つに統一されることになった。さらに、主要な部品は百パーセント互換性をもち、軍内における銃の取り扱いを容易にしたほか、生産性も向上した。

そしてそのときから、ソ連軍全体が私の手がけた銃、カラシニコフの銃のみを一斉装備することになったのだ。これは、ソ連が崩壊するまで続いた。

★★★

銃器の統一に成功したことで、私は一九五八年、「国力を増強した」との理由で、政府より

「社会主義労働英雄称号」を授与された。

銃器の統一は、二年に及ぶひたむきな日々の研究の成果だ。私たちの工場のブレーンは、若き設計者で構成されたグループだった。私にもっとも近しい協力者たち――、クルーピン、プーシン、クリャクーシン、そしてハリコフは、まだ三十歳にもなっていなかった。当時三十八歳だった私が最年長だった。だが、悲しいことに、プーシンは、おそらく仕事からくる精神的なストレスが原因だったのだろう、早くに亡くなってしまった。

この中で一番長生きしたのがクルーピンだ。だが、彼は二〇〇二年秋、イジマシュの工場から帰宅する途中、若者のチンピラ集団に殺された。戦争を生き延び、生涯を祖国の未来に捧げてきた男が、まさにその未来を象徴する存在である若者たちによって殴り殺されたことに、深い憤りを感じた。働きも学びもせず、何事に対しても無関心で、ドラッグに溺れ、そんな風に自分の人生と、そしてときには他人の人生まで台無しにしてしまう若者たちが、たくさん存在することに暗澹たる思いだ。

そうした若者たちとは反対に、私たちは、休暇返上で働き、日曜日や休日も互いの家を行き来して、遂行中のプロジェクトについて意見を交換していたのだ……。私たちは小さな家に住んでいたが、みんなが集まり、いつもわいわいと賑やかだった。当時、私たちの青春は情熱に溢れ、犯罪などほとんど存在しなかった。この時代こそ、私の人生において、最高に幸せな時期だった。

さらなる一歩

規格統一化ののち、銃器改良の第二段階として、新たなプロジェクトが始動することになった。軍で使用されている他のタイプの機関銃すべてを代替する統一機関銃を設計するのである。新しい銃は既存の機関銃（戦車用、兵員輸送車用、重機関銃）の長所をすべて併せ持たなくてはならないため、困難なプロジェクトだった。

当初、最高の試験結果を示していたのは、トゥーラ造兵廠のニキーチンがつくった統一機関銃だった。だがその銃には、どうしてもニキーチンが直せない不具合があった。水に漬かるとうまく作動しなくなるのだ。ニキーチンがこの問題を解決することができないと判断した軍幹部は、私に話をもちかけた。

当時、私は相変わらず小規模な設計者チームしか抱えておらず、銃の統一化と新口径の弾丸の使用について研究していた。まだ四十歳になっていなかったが、チーム内では最年長だった。チームは優秀だった。エンジニアや工員たちはとても有能で、熱心に働いていた。

新しい機関銃の主要な機関部は、私の他のモデルの機関部に類似したものでなければならなかった。新たに導入される要素については綿密な検討が必要とされた。だが、それとは別に、チームとしての挑戦もあった。トゥーラのチームを打ち負かし、我々の能力と仕事の質を見せつけてやろうではないかという思いだ。そして数カ月という信じられないほど短い納期で、私たちは機関銃を製作した。

助手たちはさまざまな場所、さまざまな気候条件のもとでテストを行った。すると、私たちの機関銃はロシアではうまく作動したものの、ウズベキスタンのサマルカンドの暑さや砂塵に対して弱いということがわかった。それに対する解決策自体は単純なものだったが、実際に適用するとなるとそう簡単ではなかった。たとえば、猛暑でも問題なく使用できるようにするためには、銃身内部のコーティングを変え、クロームメッキを施せばいい。だが、そのために私は、クルーピンをともなってわざわざサマルカンドまで赴かなければならなかった。

サマルカンドから戻ると、工場の同僚たちの様子がおかしいことに気がついた。留守にしている間に、工場の新聞に私に関する忌まわしい記事が掲載されたことをすぐに知った。それは「個人崇拝」とその有害な影響を問題にした記事だった。この不当な告発に、私は文字通り病気になってしまった。不整脈が起こるようになったのである。それでも、私は機関銃統一化のためにテストを続けた。

この時期、スターリンの遺産である「個人崇拝」がなにかと話題になっていた。政府は「個人崇拝」を告発するように至るところで呼びかけ、家庭内部にまで及んでいた。その規模はまさに度を越していた。党は、「個人崇拝」はスターリンに限った現象ではなく、地方の権力者の多くにもこの問題が見られることから、該当する人物を探し出し、罰するべきであると決定した。

どうやら、私たちの工場の集会でも告発させようと、どこからか根回しがあったらしい。そして、この工場にはカラシニコフの「個人崇拝」があると明言した人がいたのだ。

大衆とは羊の群れと同じだ。私が糾弾されると、皆が満足して拍手を送った。その直後、新聞には私が、人々を軽蔑したように扱い、ほかの人の才能を馬鹿にしたといった記事が掲載された。

悪夢のような日々だった。あまりにもショックが大きくて、こんな詩を書かなければ気持ちを落ち着けることができなかったほどだ。私を中傷する党の集会の直後に書いた詩だ。

すべてを念入りに計ってみた
人生にもはや私を支えるものはない
心臓は正常な鼓動を刻めずに
肉体はぐったりと重いのだ

人は言う
墓場へと私を運ぶそりの準備はできている
私は埋葬されたも同然だ
私の周りですべてが崩れ落ちていく

迫害は数カ月続いたが、幸いなことに、工場で党の集会が新たに開催されたときにはすでに風向きが変わっていた。中央委員会の新しい決定に従い、「個人崇拝」はスターリンだけのものとされることになったからだ。

私はようやく名誉を回復した。党の書記の私に関する言い方も百八十度変わった。書記は、私の告発に特に熱心だった設計者を尋問までしたのだ。だが、私にとっては本当に辛い時期だった。すべてを投げ出してしまいたいと思ったのは人生でただ一度、このときだけだ。何人かの同僚のひどい仕打ちと不当な発言を、私はいまだに許すことができない。だが、そうした人たちともいっしょに仕事を続けるしかなかった。そこで私は、怨恨や怒りの感情を乗り越え、この悲惨なエピソードには目をつぶり、機関銃の統一プロジェクトに専念しようと心に決めた。

ソ連軍が私の統一機関銃「ＰＫ」とその派生品を採用したのは一九六一年になってのことである。それは銃器統一の第二次「ブーム」にあたる時期だった。数年後、私たちの業績に対してレーニン賞の授与が検討されていることを知った。最終的には、一九六四年、仲間の設計者チームとともにその賞を賜わった。レーニン賞はソ連におけるもっとも栄えある賞のひとつで、科学技術や文学、芸術などさまざまな分野の偉大な功績に対して授けられていた。この賞はレーニンの死後、一九二五年に創設されたものだが、一九三五年から一九五七年にかけては誰ひとり受賞していない。スターリン賞がレーニン賞に代替したためであり、その後、一九六六年にこのスターリン賞はソビエト連邦国家賞に取って代わられた。

私と私のチームには七千五百ルーブルの褒賞金が贈られた。これは当時大金ではあったが、八人で分けなければならなかったため、象徴的な意味しか持たなかった。私はそのうち二千五百ルーブルを受け取ったが、車の購入代金の半分にもならなかった。そこで私はカーチャといっしょに友人たちを招いて盛大なパーティーを開き、このわずかなお金を一気に使ってしまった。

レーニン賞を賜わるために、モスクワに赴くことになった。その際、審査委員に披露するため、私の最新の銃器をすべて持参しなければならなかった。審査員のひとり、ブラゴヌラーヴォフ将軍とはずっと以前に会ったことがあった。私が銃器の設計を始めたばかりの頃、サマルカンドで知り合ったのだ。そのとき彼は、国防省の高官に対して私を高く評価する手紙を書き、私がこの業界に入るのをいわば後押ししてくれたのだった。彼こそ、私の設計者としての将来を最初に信じた人だった。そして一九四二年には、私が教育を受け、才能を開花させる資金を受け取れるように国防省に要請してくれたのだ。

ブラゴヌラーヴォフ将軍は、私が審査委員たちの前で説明をし始めると、すぐに私のことを思い出し、共犯めいた微笑みを投げかけてきた。銃器の紹介のあと、将軍は私のところにやって来てこう言った。「ということは、このわしこそが、君がつくった諸々の銃のパトロンと言えるのかな?」。将軍は感きわまった様子で、私を胸に抱き寄せた……。

★★★

次に私は、自分がつくった銃を口径の小さい弾薬に適合させるという新たなプロジェクトに挑戦した。ベトナム戦争中、アメリカ軍は五・五六ミリという小口径を採用した。私はソ連軍でこのような小口径を採用することについては、どちらかといえば反対の立場だった。今でも私は、七・六二ミリの口径のほうが優れていると確信している。だが、海外の武器メーカーはすでにこの問題に取り組んでおり、この流れに乗り遅れるわけにはいかなかった。

チームのメンバーをさらにいくつかの小グループに分け、数え切れないほどテストを繰り返した。口径を小さくするためには単に銃身を変えればよいという単純な話ではない。まさに技術的な挑戦が必要なのだ。というのも、奇妙に思われるかもしれないが、口径の小さな弾薬を使った場合、銃身内に水分があると、銃が作動しなくなるからである。

私たちはなんとか信頼性の高い銃身を製作することに成功した。要求された命中精度を得るためには、銃口の特別なメカニズムを考案しなければならなかった。変更を加えたことによって、銃は軽量化され、戦闘時における性能がさらに向上した。テストの結果、突撃銃ＡＫＭの基本原理は、新しい高性能の派生モデルに容易に応用できることが証明された。新しい口径による試験結果が良好だったことから、今度は私の銃の全体がこの小口径の弾丸に適応するよう改良されることになった。

このとき、私たちととりわけ熾烈な競争を繰り広げたのがコヴロフのチームだった。それまでは、私たちの強力なライバルといえば、トゥーラ造兵廠の設計者たちだった。彼らはかつて何度も、コンペの最終段階で一騎打ちを挑んできた。私たちが勝利したときでも、トゥーラはつねに善戦していた。運命の皮肉か、一九七一年、異例の措置として私に工学博士号を授与したのは、このトゥーラの技術学院である。博士号は私の製作した作品すべてに対して贈られた。さらに私は、銃器の開発の歴史に新たな時代を画したとされ、一九七六年には二度目の「社会主義労働英雄称号」を賜わることになった。このように、ソビエト政府は私に対して、称号も勲章も気前よく授けてくれたのである。

余談[1]になるが、この「社会主義労働英雄称号」に別の意味で感謝していることがある。国防相のウスチノフから授章の知らせを告げる電話があったとき、私は左のわき腹と背中にひどい痛みを覚え、痙攣のために体を二つに折り曲げている最中だった。腎疝痛《じんせんつう》の発作だったのだが、私は大の注射嫌い、医者嫌いのため、病院だけには絶対に行きたくなかった。そのときも大切な電話がきたということで、病院行きをあやうく免れた。カーチャが私の代わりに病院に行き、医者の診断を仰いできた。そして、ウスチノフ国防相の電話から三時間後、私は医者の助けを一切借りずに自力で、激痛の原因となっていた腎結石を排出した。英雄称号を二度も授けられたる者、肉体の不調も己の力で克服しなければならないのだ。

★★★

フルシチョフ時代の一九六〇年代初頭、ショーロヴォ武器試験場が閉鎖されることになった。この試験場は優秀な銃器をつくるには欠かせない場所であったため、この決定はとても理不尽に思われた。研究所の機材を含むすべてが廃品処理された。これはロシアにおける銃器改良の試みが被った過酷な試練だ。さらに、武器試験場の閉鎖後、優秀なエンジニアや技師たちが国じゅうに四散させられる羽目になったのだ。

ショーロヴォ武器試験場は私の人生においてきわめて特異な役割を果たした場所だった。戦

（1）ドミトリー・フョードロヴィチ・ウスチノフ（一九〇八～一九八四）　ソ連の元帥で、大戦中、軍需人民委員を務めた。彼の死後、イジェフスク市は「ウスチノフ」市と改名したが、数年後、住民たちの決定によって元の名に戻された

中戦後を通じて私はここで働き、ずっと後になっても、ここで数々のプロジェクトを完成させた。作業場は近代的で、機材も充実していた。国内最高のエンジニアや設計者たちが、自分たちの武器をテストするため、この試験場に集まってきた。一年じゅうここに滞在するエンジニアもいた。彼らは、軍に付属するショーロヴォ武器試験場のまさに「頭脳」だった。試験場は森の中にあり、それ自体が小さな軍事都市を形成していた。参謀部、将校の家族用住宅など、必要な施設やサービスがすべてそろっていた。家族用住宅は共同アパートとなっていて、数家族が同じ建物に住んでいた。独身寮やホテルもあり、ホテルは出張でやって来た人たちでつねに満室だった。

さらに、妻のカーチャ・モイセイエヴァに出会ったのもここショーロヴォ武器試験場だった。だからなおのこと、ここは私にとってとても大切な場所だったのである。

当時、ソ連軍のいくつかの部門全体がフルシチョフによる「核兵器至上主義」政策の犠牲となっていた。政府は通常兵器に関連するあらゆる予算を大幅に削減していた。フルシチョフは権力の座に就くと銃器の生産量を減らすことを決め、工場の従業員たちは退職し始めた。だが、私は自分の突撃銃を改良するアイデアを次々と打ち出し、新しい試作品の製作を継続していた。

ロシアという国は、自国の設計者の能力をつねに正当に評価するとは限らない。そのことが残念でならない。ほかの国であればどこでも、武器に新しい部品やなんらかの技術革新が加わると、「新しい試作品」をつくろうという話になる。だが、ロシアは違う。改良・開発に値する私の独創的な発明品で、スクラップ処分、改鋳処理にされてしまったものがいったいどれだけあっただろう。捨ててしまうとは、あまりにも愚かな行為だ。だが我が国では、不幸なことに、量産されないモデルは廃棄するというのが慣例だったのだ。私のチームには私の発明品の改鋳処理を担当する熟練工がいた。私が考案し、彼が跡形もなく破壊する。それぞれ自分の仕事をするだけのことだ。一度、私は彼にきいたことがある。

「うんざりしないか？」

「アイデアを減らしてもらうしかないな。そうすりゃ、こっちの仕事も楽になる！」

こうしてほんの数キロの鋼鉄を回収するために、銃器の歴史はかけがえのない財産を失っていった。

★★★

どこの国でも自国の軍隊に敬意を表さなければならない。だが、現在のロシアではそれすら望めない。私は軍隊を国内の紛争に巻き込む政治家たちを強く非難したい。そしてメディアが連日、軍を非難するのを耳にしては心が痛む。人々はさらに、ジューコフ将軍のようなかつての偉大な将軍たちにも非難の矛先を向けている。ジューコフ将軍の役割は、これまで思われていたほど重要ではなかったなどと言っている。事実誤認もはなはだしい。

戦争も軍隊もない世界は確かに理想だ。その理想に向けてあらゆる努力がなされなければならない。だが、軍隊なしで、はたして平和を維持することができるのだろうか？　とても難しいと私は思う。

私がつくり、私の名前を冠した銃は、私の人生や意思とは無関係にひとり歩きしてしまった……。もちろん、カラシニコフ銃を手にしたビンラディンの姿をテレビで目にするたびに憤りを覚える。だが、私に何ができる？　テロリストも正しい選択をしているのだ。一番信頼できる銃を選んだという点においては！

一九五〇年代以後、私の突撃銃は軍内部に出回った。軍の施設に招待されるたび、兵士たちは私に感謝の意を表する。それは私が兵士たちに、彼らを裏切らない銃を贈ったからである。

第五章　ソ連・ロシアの指導者たち

1973年、クレムリンにて。最高会議代議員のとき

一九五〇年、カラシニコフは、本人の驚きをよそに最高会議（最高ソビエト）の代議員に推薦され、遠くからではあるが、スターリンをはじめ、高官や国の名士を目にする機会を得る。カラシニコフは、途中十年の空白はあったものの、この組織が消滅する一九八八年まで、最高会議の議席を占めていた。

一九三六年に制定された憲法は、最高会議を国家の最高権力機関と規定している。だが実際のところ重要事項は党内で処理され、最高会議には事実上、飾り物的な役割しか与えられていなかった。スターリンが存命中、議題は「最高指導者」であるスターリンが自ら定め、代議員たちは全会一致で絶対命令や予算に賛成票を投じていた。とはいえ、代議員たちはそれぞれの地元で積極的な役割を果たしており、カラシニコフも、その名声を生かし、選挙民のために最善を尽くしていた……。

やがてフルシチョフが権力の座に就き、国や国家機構の非スターリン化が図られた。一九五四年、カラシニコフは最高会議の代議員に再選されなかった。彼が代議員に返り咲くのは一九六六年になってからのことで、これはちょうどブレジネフの「抑圧への回帰」の時期にあたる。

レオニード・ブレジネフが政権の座にあった時代（一九六四〜一九八二）は、二枚舌、政治的陰謀、「影の経済」の創出、老人政治に象徴された時代だった。愛想の良さと八方美人ぶりで、ブレジネフは自分の周囲に取り巻きの一団を形成した。ブレジネフは経済改革を試みたものの、ソ連は依然、天然資源の浪費、環境破壊、軍産複合体や宇宙開発プロジェクトに対する多額の投資など、粗放的な発展の図式に囚われたままだった。

ブレジネフ時代は、歴史的にはいわば「停滞」の時代だった。国の収入や生産が伸び悩み、官僚だけが肥大していった。科学技術分野でも足踏みがみられ、機械化されていない手工業が主流のままだった。

また、政治統制が強まり、知識人が抑圧された。「異論派」と呼ばれる（反体制派の人々が人権擁護のために活動したが、激しい弾圧にあったり（ダニエル〔ユーリー・ダニエル、作家〕、シニャフスキー〔アンドレイ・シニャフスキー、作家、批評家〕、ギンズブルグ〔アレクサンドル・ギンズブルグ、地下出版活動家〕）、自宅に軟禁されたり（サハロフ〔アンドレイ・サハロフ、水爆開発者〕）、精神病院に収容されたり（グリゴリエンコ将軍）、国外に追放されたりした（ソルジェニーツィン〔アレクサンドル・ソルジェニーツィン、作家、ノーベル文学賞受賞〕、ブロツキー〔ヨシフ・ブロツキー、詩人、ノーベル文学賞受賞〕、およびその他大勢）。一九八〇年頃には約五百人の異論派の活動家が投獄されていた。

政府は何よりも軍を重視し、その力はアメリカ軍を凌駕した。しかしブレジネフは、死の数年前、致命的な過ちを犯した。一九七九年十二月、アフガニスタン侵攻を開始したのである。

ブレジネフの後継者たち、特にミハイル・ゴルバチョフにこの重い負の財産が残された。そしてゴルバチョフは一九八五年以降、新しい基礎に立脚したソ連の「建て直し」（ロシア語で「ペレストロイカ」）を試みる。

ペレストロイカによってブレジネフ時代の保守主義は姿を消し、個人や団体によるイニシアティブの発露がみられた。「グラスノスチ」（情報公開）はロシアにかつて経験したことのない自由を授けることになる。だが、妥協による政治を得意とし、党内の守旧派勢力から自由になることのできないゴルバチョフは矛盾する決定をたびたび迫られた。そして彼は、「スターリン・ブレジネフ的な」最高会議を告発した歴史家のユーリー・アファナーシエフなど、ロシアの新しい「民主主義勢力」と対立する。

一九八九年頃、ゴルバチョフは人望を、次いで政治的統率力を失い、情勢は一気に流動化した。経済危機は、改革の足を引っぱる共産党勢力によってますます悪化し、民族間の紛争をさらに複雑化させ、ソ連はいくつもの共和国に分裂した。そして連邦の権力をないがしろにする形でロシアが台頭した。

守旧派勢力が主導した一九九一年八月のクーデターの失敗は、ソ連邦崩壊への決定的な一撃となった。これ以後、ロシアの激情的な大統領、ボリス・エリツィンが実質的な権力を握るようになり、ゴルバチョフの力をことごとく奪ったほか、ウクライナやベラルーシの指導者とともにソ連邦の解体を準備した。そして一九九一年、ゴルバチョフの辞任にともない、ソ連邦は正式に消滅するのである。

最高会議代議員としての日々

スターリン賞を受賞した翌年の一九五〇年、私は最高会議の代議員に選出された。当時、私は弱冠三十歳だった。ソ連邦内には、イジェフスクの工場の同僚以外、知り合いはおらず、私のことを知っている人もいなかった。だから、自分が代議員の候補に指名されたと聞いたときには仰天した。

ソ連邦の最高会議（最高ソビエト）の代議員の任期は四年で、所定の地区を代表する存在だった。地区ごとの代議員の数は人口に応じて配分されていた。私が選出されたウドムルト共和国だけでも、ゆうに十人ほどの代議員がいた。私は一九五〇年から五四年までと、一九六六年から八八年まで、計六回にわたりこの代議員に選ばれた。

被選挙権は社会階級、職業、国籍を問わず、すべての市民に与えられていた。議員職とほかの職業との兼任も認められていた。会議は、国家予算や新しい法律について議論し、その採決を行うために開催された。法案は特別委員会によって事前に作成された。たとえば、私は予算委員会の常任委員だった。

最高会議の会期中、代議員たちはモスクワに滞在したが、期間はせいぜい一週間ほどだった。だが、委員会のメンバーは本会議が始まる一カ月前から会合を持った。地方で選出され、モスクワに住居を持たない代議員たちは全員、「モスクワホテル」――のちには「ロッシーアホテル」が好まれた――に滞在した。宿泊費と旅費は国が支払い、食事代や外出にかかる費用は自腹を切らなければならなかった。

代議員候補の人選は共和国および地方の当局によって慎重に行われ、選挙区ごとに代議員一名が指名された。こうして当局が作成した「候補者」リストが新聞やラジオを通じて公表される。そこで初めて候補者は、自分の選挙区の選挙民と会って話をすることが可能になるのだ。選挙民たちは候補者と会うたび、山のような要望を提出する。これをもとに、候補者が四年の任期中に実施すべきプログラムが策定される。議員の職は気楽なお遊びなどではなく、困難な任務、選挙民に対する重い責任そのものだった。

モスクワで開かれる最高会議に初めて出席するため、クレムリンの門のひとつ、スパスキエ門を通ったときには、私の緊張もピークに達していた。衛兵たちは、人々の顔を鋭く探るようにチェックしながら、その出入りを監視する。私はおののいた。「逮捕されるのではないか、クレムリンが私の『シベリア脱走囚』としての過去を知らないはずがない」と思ったのだ。しかし私は、三十年の任期中、つつがなくこのスパスキエ門を通ることができたのだった……。代議員になったとき、実はまだ私は共産党員ではなかった。私が党員になったのは一九五三年になってからのことである。過去を調査され、この間隠し通してきた真実が明るみに出ることにずっと恐怖を抱き続けていたからだ。工場の幹部たちは、私にスターリン賞が授けられたときになって初めて、私が党員ですらないことに気がついた。私は、「良き」人物は共産党に入るものだと諭《さと》され、早急に入党の手続きをすることになった。

代議員としての初めての任期は、格別に意味深いものだった。それまでは自分の銃のことばかり考え、ほかのことは私にとっては存在していないに等しかった。代議員の仕事に就くことで、私は自分の国における人々の生活の実情を、陳情に来た人々の話を通じて知ることになったのである……。

代議員になってからは年に三、四回、最高会議に出席したり、その準備を行ったりするため、モスクワに赴かなければならなくなった。私は代議員としての職を真摯に務め、その役職や、国家指導者としての責任の一端を担っていることに大変な栄誉を感じた。当時、代議員という身分は特権や名声をもたらすものでも、特別な生活様式を必要とするものでもなかった。一般的に代議員は、それぞれの職業的キャリアにおける優れた業績によって選ばれるものだった。

その中には「ソ連邦英雄称号」や「社会主義労働英雄称号」を持つ者、元帥および将官、宇宙飛行士、知識人のほか、芸術家や運動選手、それに労働者や農民たちもいた。今日ではこのような当局が定めた候補者に対する信任選挙に対して、一般の人々も懐疑心をもつことができるようになった。だが当時は、それは自由の侵害ではないかという認識はなかったのである。

私はこの新しい職務を通じて、国内最高の知識人に数えられる人々に会えるのが嬉しくてならなかった。その中には、詩人のラスル・ガムザトフ、宇宙飛行士のユーリィ・ガガーリン、有名な作家ミハイル・ショーロホフ（私の大好きな小説『静かなドン』の作者）や、著名な眼科外科医のフョードロフがいた。私は何度もショーロホフに声をかけ、知遇を得たいと思ったが、ついにその勇気がなかった。

代議員の中には、今日、いかがわしい政治屋を意味する「ロビイスト」なる者は存在しなかった。当時の政府は、いかさま師の一団や疑わしい活動からはまさに一線を画していたと思う。現在、有権者たちは実際に自分たちの意思で自由に議員を選ぶことができるようになったが、いったい誰を選べというのだろう？　現代の候補者は、選挙運動に大金をつぎこむ盗人か、民族主義的な感情に訴える扇動家ばかりではないか。

私はといえば、代議員としての過去を、国家のために尽くしたこれらの日々を誇りに思っている。

初めての選挙の前には選挙キャンペーンのようなものが実施された。私の選挙区は、三つの農村部とひとつの都市部から構成されていた。選挙民に会うため、私は何度も地区内を移動しなければならなかった。

当時、イジェフスク地方の道路の状態は悲惨なものだった。のちに私は、中央委員会で権力を握っていた書記のひとり、ドミトリー・ウスチノフが武器工場を視察するためイジェフスクにやって来たとき、ここぞとばかりにこの地方の道路網の荒廃ぶりを訴えた。大戦中にソ連の軍需産業全体を指揮していたこのウスチノフのことはよく知っていた。彼は私に、四輪駆動の車両を準備すると約束してくれた。それはまさに私の夢だったのだ。数日後、「車両購入の件、自動車工場に行かれたし」との電報を受け取った。その後、私はこの車を繰って、選挙区を何キロも何キロも巡ったものだ。

選挙によって私の新しい人生がスタートした。有権者から信任を受けたことをとても誇りに思い、彼らの生活を改善するためにできるだけのことをしようと心に誓った。

私がイジェフスクに来た当時、アスファルト舗装された道路は皆無だった。ここは「都市」というよりは「村」だったのだ。私は代議員として、大臣会議副議長宛てに、アスファルトの生産工場の建設に関する要請書を作成した。今日、代議員は国民のためにも、国家の利益のためにも、まったく何もしなかったとの批判がなされているが、私はそうは思わない。私だけでなく、他の代議員たちも、厳しい生活を強いられることの多い地元選挙民が抱える問題を解消しようと、懸命に働いていた。

奇妙に思われるかもしれないが、私が代議員として初めて演説した場所は教会だった。イジェフスクからそう遠くない、私の選挙区内のある町では、すべての政治集会が教会で行われていたからだ。だが、この建物は老朽化が激しく、私の集会にいつも大挙してやって来る選挙民を収容するのは危険だった。当時、政府は、公共施設の建設を一時的に中止していた。しかし、粘り強く交渉した結果、イジェフスク近くに大きな文化会館を建設させることに成功した。その建物が完成したばかりのある日、施設の周囲に雑草だらけの空き地が広がっていることについて所長に苦言を呈した。施設の建設にあれだけ奔走したというのになんたることだ、もう少し周辺を美しく整える気遣いがあってもいいのではないか、と憤慨したのだ。

ところが、冬になり、集会に出るためにこの施設を訪れたときには、入り口の前になんと美しい花が咲いていた。雪の中で咲く珍しい花があるものだと本当にびっくりした。所長に賛辞の言葉を送ると、所長は悦に入ったような笑顔を浮かべた。帰り際、気になっていたこれらの花々を仔細に観察し、試しに花びらを一枚引っぱってみたところ、なんと茎もろとも抜けてしまった。植えてあるのは造りものの花だったのだ。しかし、私は何も気づかなかったふりをし、「この美しい花の種が欲しいのだが」と所長に頼むと、彼は涼しい顔で、「ええ、この次お送りしますよ」と答えたのだ。

二期目も選ばれる議員は珍しかった。再選されるのは、地方や共和国の幹部クラスか、あるいは選挙民から特に篤い信頼を寄せられた人たちだけだ。謙遜するつもりはない。私が何度も選出されたのは、私の知名度の高さが権力者たちの執務室のドアを開かせ、問題の解決を容易にしたからだ。とりわけ地方においては、次から次へと解決すべき問題が山積みになっていた。私は自分の名声を利用して、自分の選挙区のみならず、イジェフスクを首都とするこの小さなウドムルト共和国全体の発展に力を貸すことができたと思う。イジェフスクの町のいくつかの施設は、私の働きかけによるものだと自負している。道路や病院、学校などの建設に奔走し、自宅のすぐ隣に音楽学校を建てるため、融資を取りつけたこともある。

★★★

こうしたさまざまな活動によって、私生活が犠牲になることも多かった。

妻のカーチャと子供たちは私を誇りに思ってくれていたが、ショーロヴァ武器試験場への出張のほか、代議員としての遊説や視察も加わったため、私は以前よりもますます頻繁に家を空けるようになった。選挙民が私に会うため、直接、自宅の小さなアパートに押しかけてくることもあった。そんなときは二つしかない部屋のひとつで、即席の集会を開いた。カーチャはぴったりと部屋のドアを閉め、子供たちに「うるさくしてはだめよ」と注意した。そう言われた子供たちは、しぶしぶ台所か中庭で遊んでいた。

私は、ソ連全体の予算の配分を決める委員会にも数回選出された。会議が開催された後の一カ月間、モスクワから戻った私たち議員は、選挙区内の企業の労働者に会いに行き、採択された政策について報告した。最高会議の会期の合間には、選挙民や企業代表者と面談した。私たちは彼らが抱える問題に耳を傾け、その解決に努めた。実にさまざまな人がやってきた。戦争未亡人も多く、収入があまりに乏しいため、援助が欲しいと訴えていた。彼女たちには、仕事か住居を斡旋してやらなければならなかった。

信じられないような出来事が起きたり、とんでもない訪問客にも会った。熱に浮かされた発明家もよくやって来た。彼らは自分の考案物を紹介しようと図面を持って現れ、人々の無理解を嘆いた。もっと奇妙な訪問者もいた。一九五三年、スターリンが死んで恩赦が出された年のことだ。釈放された多くの人々の中には、泥棒やその他の軽犯罪者もいた。ある日、背の高いハンサムな若い男が我が家の呼び鈴を鳴らした。彼は刑務所の出所証書を私に見せ、戦争で負傷した父親に薬を買うため商店に押し入ったのだと語った。彼は私の工場で働くことを希望し、着るものを何枚か恵んで欲しいと懇願した。カーチャも私もこの若者のことが気に入ったので、私は自分には大きすぎるシャツとスーツを彼に与えた。その数日後、カーチャは市場で偶然、この男の姿を目にした。男は服を売っていた。その中には私があげた服もあった！　彼は「プロ」の洋服屋だったのである……。

クレムリンの内部

会議で初めてスターリンを目にしたとき、私は圧倒された。議員たちの待つ大きな議場に入ってくるスターリンの姿は、今でも鮮やかに思い出すことができる。彼は、軍服と背広を組み合わせたような、なじみの服を着ていた。スターリンが着席すると（座る席は決まっていた）、議場は水を打ったような静けさに包まれた。すると不意に割れんばかりの拍手が沸き起こり、永遠に続くかと思うほど長い間、鳴りやまなかった。誰も最初に拍手の手を止めようとはしなかったからである。数分後、スターリンが手で合図をし、議員たちに静粛を求めた。するとぴたりと拍手がやみ、今度は虫の羽音すら聞こえてきそうな静寂が支配した。

私は、自分の生家を襲った悲劇をスターリン個人と結びつけて考えたことはなかった。過ちは地方の小役人たちのせいだと思っていたからだ。私にとっては彼らこそ、家族をシベリアに追放し、兄を強制収容所送りにした真の責任者なのだった。スターリンを疑うなど、考えてもみなかった。

というのも、私たちは、第二次世界大戦におけるソビエトの勝利はスターリンに負うものであると教えられてきた。現代では考えられないことだが、私たちにとってスターリンは、両親よりも身近な存在だったのだ。社会主義を打ち立てることができたのもスターリンのおかげだと信じていた。無償で教育や医療を受けられることもスターリンに感謝していた。人々が平等になったのもまたスターリンのおかげだった。ラジオでは四六時中、「人民の父」とされたこの指導者を宣伝していた。朝から晩まで、同志スターリンを讃える歌が歌われていた。新聞等で、「人民の敵」である革命妨害者や、スターリンを殺害しようとした医師たちの事件が報じられると、とんでもない悪者だと思ったものだ。人々はそんな裏切り者は死刑にせよと要求していた。

詩人[1]ミハイル・イサコフスキーは、スターリンの死後、私たち国民の気持ちを代弁するこんな詩を書いている。

同志スターリン、あなたに対する信頼は
途方もなく大きくて
私たちの個人的な信条よりも
百倍も強く、百倍も深い……

スターリンが埋葬されるとき、国民すべてが涙した。私たちはスターリンなしでは生きてはいけないと思い、未来への不安に胸が締めつけられた。

一九五〇年、五一年、五二年の最高会議で私は彼の姿を目にした。スターリンが発言することは非常にまれだった。彼が議場に姿を現わすたびに大きな拍手が沸き起こった。会議の最中、スターリンが誰かに個人的に話しかけることはない。彼は午前中の四時間の会議に、厳格で堅苦しいいつもの服装で出席していたが、午後になるとその席は無人になる。スターリンが笑ったのを見たことがないし、その顔にちょっとした微笑みが浮かぶことすら大変珍しいことだった。何か心配事を抱えていることは傍目にも感じられた。スターリンが自ら議長を務める会議では鉄の規律が支配していた。議員たちは隣の人と雑談すらしなかった。

スターリンが死ぬと、雰囲気は一変した。議員たちは自由に会話し、政治以外のことならなんでも議論し、演説者の話などほとんど聴いてはいなかった。私はスターリンが存命中だったら絶対に起こり得なかっただろう、あるアクシデントを覚えている。私の前に座っていた有名な女性宇宙飛行士、ワレンチナ・テレシコワ(2)の服のボタンがとれて落ちてしまったのだ。ボタ

(1) ミハイル・イサコフスキー(一九〇〇～一九七三) ソ連の詩人。彼が作詞を手がけたいくつかの歌は大変な人気を博した(『カチューシャ』など)

(2) ワレンチナ・ウラジーミロブナ・テレシコワ(一九三七～) 一九六三年、世界初の女性宇宙飛行士となった人物。その後、党内で重要なポストを歴任した

ンは床を転がり、私は身をかがめてそれを拾った。スターリンの時代であれば、議員はボタンに目をやることすらできず、ボタンはそのままころころと転がり続けていただろう。テレシコワがボタンを落とすことすら許されなかったはずだ……。

私はスターリンを、二十世紀の偉大な国家指導者のひとりであり、偉大な軍の統率者だったと思っている。戦争中、私が操縦していた戦車にはこんなスローガンが書かれていた。「祖国のために、スターリンのために」。私たちがどれほど彼を信じていたかがわかるだろう……。第二十回党大会でフルシチョフがスターリン批判としてさまざまな暴露話をしたのは、単に私怨を晴らそうとしたのだと思う。おそらく、スターリンに侮辱されたか、あるいは、自分の前に立ちはだかって影を落とす、この「最高指導者」の偉大さや功績をけなしたかったのかもしれない。今なお私は、このフルシチョフの発言を喜んだ人はごくわずかしかいなかったのではないかと思っている。一九三〇年代にGPUが軍人や知識人や農民たちに対して行った弾圧は、許しがたいほど残虐だったことは私も認める。多くの人々が証拠もないのに罰せられた。まったく納得のいかない出来事だった。おそらく、資本主義の大国に包囲された国にあっては、たとえソビエト革命後二十年が過ぎていたとしても、プロレタリア独裁こそが、権力を維持し強化する唯一の方法だと思われたのだろう……。

戦争中、私たちはスターリンを神のごとく信じていた。祖国と彼のために命を捨てることも辞さなかった。戦車に記されていた標語は、戦時における狂信的なスローガンだった。兵士たちは戦場に赴き、このスローガンを口にしながら死んでいった。詩人トヴァルドーフスキーもこう言っている。「神だったのだから、蘇るはず」。スターリン主義はまさに信仰であり、この信仰が、仲間を守るためドイツ軍の大砲の前に身を投げ出したマトロソフや、ファシストに拷問されたゾーヤ・コスモデミヤンスカヤや、その他多くのソ連の英雄たちを突き動かしたのだった。

いずれにせよ、スターリンが頭の切れる卓越した人物だったことは間違いない。側近たちは口をそろえてこう証言する。スターリンは並外れた記憶力の持ち主で、一度会っただけの人の苗字や名前も決して忘れることはなかった、と。私は個人的にはスターリンと面識がなかった。それが残念でならない。だが、私がスターリン賞を授与される前、彼は数日間、自分の執務室にAK47を置いていたらしい……。

のちにフルシチョフは、スターリン賞を授かった者に対し、証書とメダルを返還させ、代わりに「ソビエト連邦国家賞」なるものを与えた。私はそれに従ったことを後悔している。歴史を歪曲して何になるというのだろう？

★★★

奇跡的にも、私たちのショーロヴォ武器試験場は、一般に「スターリンの粛清」と呼ばれている弾圧を免れた。私たちは若く、熱心で、祖国を守るための新しい武器をつくることしか頭になかった。陰謀をめぐらしたり、告発したりする暇も思惑もなかったのである。

私たちは所長のブーリバと、副所長のニコライ・オホートニコフ中佐をとても尊敬していた。このオホートニコフ中佐の人生はかなり象徴的である。革命前、中佐の父親はある広大な地方の貴族の頂点となり、兄はピョートル・ヴラーンゲリが指揮する白軍に参加したため、ロシアを離れざるを得なかった。あるとき、オホートニコフ中佐の家族のこうした「疑わしい」過去を思い出すべきだと主張した人がいた……。中佐は即座に赤軍を除隊させられた。だが、彼はショーロヴォにとどまり、この不当な処遇を撤回させるためにありとあらゆることを試み、ついにはスターリンに直訴の手紙を書いたのだ。所長のブーリバも、勇敢に自分の部下を守ろうとし、ついに勝利した。オホートニコフは軍隊内のもとの階級に復帰しただけでなく、二年後には昇進も果たしたのである。

★★★

スターリンのあとを継いだソ連の指導者たちに、私はあまり感銘を受けなかった。フルシチョフは演説がうまく、その才能は議員の誰もが認めるものだった。彼は発言するのが好きだった。何かを、あるいは誰かを批判する際のフルシチョフはかなり手厳しかった。また、自画自賛することも、眉唾ものの約束をするのも好きだった。政府がクレムリンで催した晩餐会では、愛想がよく上機嫌なフルシチョフの姿がしばしば見られた。だが私は、彼と二人きりで話したことは一度もない。

フルシチョフは、銃器を、使命を終えた古代の遺物のようにみなしていた。彼はロシアの軍事力に必要なのはミサイルだとして、特に大陸間ミサイルを重視した。

ブレジネフとは個人的に会ったことが何度かある。一度などは、わざわざイジェフスクの工場にやって来た。私が初めてブレジネフに会ったとき、彼はまだ党の書記長（ソ連の「真の権力者」）ではなく、ソ連最高会議幹部会議長だった。ブレジネフは工場で、私たちがつくった新しい機関銃や小型軽機関銃を自ら試そうとした。彼はリーダーシップに富み、才気煥発で、さらに射撃の名手でもあった。だが、その場その場で数多くの約束をするものの、口先だけに終わることもしばしばだった。

一九六二年にブレジネフがイジェフスクにやって来たとき、私は再度、武器エンジニアのための施設の建設を要請してみた。解体させられたモスクワ郊外のあのショーロヴォ武器試験場に代わる施設を、イジェフスクの工場の隣に建てたいと思っていたのだ。私が説明しているあいだ、ブレジネフはさまざまな試作品を手に取っていたが、わけても銃剣型ナイフに興味を引かれたようだった。私は憮然として、彼の顧問たちは私の銃の長所についてきちんと説明したのだろうかといぶかしんだ……。だが次の瞬間、その謎が解けた。ブレジネフが私のほうに身をかしげ、こう耳打ちしたのだ。「このナイフを失敬してもかまわんかね?」。私は了解を与える曖昧な仕草をし、工場長の了承を得てそのナイフをブレジネフにプレゼントした。彼は喜色満面だった。このナイフを狩で使おうと思っていたのだろう。

「君の誕生日には盛大なパーティーを催そう」。ブレジネフは私にそう提案した。

「誕生会のことはありがたく存じます。ですが、それには及びません。代わりにと言ってはなんですが、エンジニアのための施設を是非とも建設して頂きたいのです」

「心配するな、施設は建設する」

このエピソードは、工場に視察にやって来る高級官僚たちにはどのような贈り物が喜ばれるかを考えるきっかけとなった。そして、いくつかの機能を兼ね備えた狩猟用ナイフが最適だという結論になった。それも、栓抜きにも(狩の際には重要だ)、ねじ回しの代わりにもなり、木材さらには金属も切れる頑丈な刃がついているナイフがいい。工場でつくられたナイフ第一号は、当然のことながらレオニード・ブレジネフ用だった。なにしろ、エンジニア用施設の将来がかかっているのだ。ナイフには、「レオニード・ブレジネフへ、ミハイル・カラシニコフより」の意味を表す「LBMK」の四つの文字が刻まれていた。

だが、このナイフには別の運命が待っていた。

一九六四年春にモスクワに行ったとき、ある人からヴォロノフ元帥の電話番号を書いたメモを渡された。元帥は私に自宅まで会いに来て欲しいと言っているという。私はすぐに、自分から挨拶に行かなかったことを後悔した。自分から会いに行って、きちんと礼を言うべきだったのだ。元帥にまつわるさまざまな思い出がいっぺんによみがえってきた。専用の客車、二人きりの夕食、励ましの言葉……。元帥は私に言った。「君がソ連の銃器を統一するに違いない」

電話をかけると、元帥は皮肉な調子で言った。「軍曹だったときには自分から会いに来たものだが、『英雄』となった今では、老いた元帥のことなど忘れてしまったようだな」。そしてその日に、私は自宅に招かれた。何か贈り物を用意しなければならない。だが、数時間しか猶予がなかった。不意に、ブレジネフのためにつくったナイフのことが頭に浮かんだ。

私はブレジネフに贈るはずのナイフに大急ぎで元帥のイニシャルを彫り込んだ。すると、ご機嫌斜めだった元帥もこのナイフにすっかり魅了され、大喜びだった。彼は私を称賛して、こう言ったのだ。「自分が今や有名な設計者であることを、いつもしっかりと自覚することだ。そんな日がくると私は確信していたから、とても嬉しい。それでこそ、君のサインつきの写真を持っていた甲斐があったというものだ」

その後、ブレジネフにも同じナイフを贈ったが、彼は結局、約束を守らず、施設は建設されなかった……。

ゴルバチョフについて話せば、彼は私宛に送ってきたグリーティングカードの中でいつも、ソビエト人民が社会や国家の建て直し、つまり彼の「ペレストロイカ」を支持すれば、人々の暮らしはどんどん良くなると豪語していた。そしてこのゴルバチョフの指導のもと、私たちは社会主義から「成金ロシア人風」の民主主義へと移行し、実際に国を建て直してしまった……。

ゴルバチョフは私に「機械設計家栄誉メダル」を授けた。彼は一度もイジェフスクには来たことがなかったが、何か祝い事があると必ず電報を送ってきた。にもかかわらず、私はゴルバチョフを毛嫌いしている。それは彼が、ソビエト連邦の解体を許すことによって我が国を苦境に陥れたからである。

とはいえ、我が国を破滅へと導いた張本人は、ゴルバチョフの後継者、エリツィンだ。エリツィンはつねに、一つひとつの言葉を引き伸ばしながらゆっくりと話し、それがとても傲慢な雰囲気をかもしていた。

エリツィンは私に、双頭の鷲がデザインされたメダルを授与してくれた。私の上着にはこの鷲のメダルが、二つの社会主義労働英雄称号の星やレーニン勲章、聖アンドレ勲章などのメダルとともに並んでいる……。私にはきっとこれまでにロシアに存在するありとあらゆるメダルが贈られたのだろう。そしていつのまにか、この異種混交のメダルにすっかり慣れてしまった。

双頭の鷲がロシアのツァーリズムの象徴であろうと気にならないし、鎌と槌も大好きだ。鎌と槌は、労働者と農民の団結を象徴しており、正義にかなった図案である。ロシアになってもこのシンボルをそのまま使ってほしいと思ったぐらいだ。何かを破壊するとなると、良いものも含めて既存のものを徹底的に捨て去るのが我が国のやり方だが、鎌と槌も、現代の勲章としてそれほど不都合ともいえないのではないだろうか……。

エリツィンからこのメダルをもらったとき、何人かの退役軍人から、私がメダルを受け取ったことに憤慨する手紙が送られてきた。彼らはエリツィンを祖国の裏切り者とみなしており、なかにはメダルを返すよう忠告する人もいた。だが、私の考えは違った。これらの勲章を私に授けたのはエリツィンでもほかの指導者でもない。「祖国」がその歴代の指導者を通じて私に報いてくれたのである。

エリツィンからはほかにもいくつかのものを授与された。「名誉の武器」もあった。かつてこれは単なる勲章よりも価値が高いと考えられていた。通常、貴金属でつくられ、与えられる人の名前が彫られてある。私はそれをエリツィンから授与されるためにクレムリンに赴いた。エリツィンは、「我が国のメダルはもうすべて授かっただろうから、君にこれをあげよう」と言って箱を開けた。私はちらっと箱の中身に目をやっただけで、恐縮しながら礼を言ってスピーチを始めた。ホテルに戻って早速箱を開けてみると、中には平凡な使い古しの拳銃が入っていた。どれだけがっかりしただろう。こんなものを贈るとは、としばし開いた口がふさがらなかった。私はひどく侮辱された気がしてイジェフスクに帰った。友人たちも皆、同じ意見だった。そこで急いでエリツィンに手紙を書いた。手紙は少なくとも十回は書き直した。内容はかなり辛辣だった。私は、このようなつまらぬ勲章を贈るのは、私に対する侮辱という以上に、ロシア大統領の名に恥じる行為だと記したのだ。

その手紙がエリツィンのもとに届くや、電話がひっきりなしに鳴り始めた。エリツィンの補佐官たちからだった。「この銃の何がご不満なんです？　金ピカじゃないから？　それならば金メッキを施して差し上げましょう」。私は「こんな状態で贈られたのだから、このままで結構だ」と切り返し、さらに、拳銃は平凡この上ないもので、しかも使用済みであることや、この手紙が皆の知るところになれば満足だと付け加えた。

実際に、将来、私の博物館が建設されたら［カラシニコフ博物館は、二〇〇四年十一月にイジェフスクにオープンした］、人々が自分の目で見て判断できるように、この拳銃をエリツィンに宛てた手紙とともに陳列するつもりだ……。

第六章　祖国と外国

1999年、カラシニコフ（写真左）80歳の誕生日式典。プーチン前大統領（中央）も臨席

ソビエトの体制から「野蛮な資本主義」へと移行することは、カラシニコフを含むロシア人の大半にとって大変な試練だった。

ソビエト連邦の終焉後、一九九二年初頭から始まったエリツィンによる新体制は、「ショック療法」となる西側の手法をヒントに、国家経済を改革するため、数々の急進的な政策を実施する。三十五歳で首相の座に就いたエゴール・ガイダールは、価格の自由化や商取引の規制緩和を行い、国営企業を民営化して企業家から成る中産階級をつくりだした。

だが、それによって国民の生活水準は急激に低下した。一年間で物価は百倍以上に高騰し、野放図な形で通貨が市場に大量に出回った。民営化は破局へと変わった。

一九九二年八月、エリツィンは「バウチャー（引換券）」、つまり、国民に国の資産を割り当てる一種の小切手を発行する。国民一人ひとりに、民営化される企業の株式の購入にあてる一律一万ルーブルのバウチャーが配付された。一年半後、インフレのせいでバウチャーはもはやウオツカ三、四本分の価値しか持たなかった……。貯蓄銀行に預けていた資産もみるみる価値を失い、国民の大部分の生活が破綻した。

新たに首相になったヴィクトル・チェルノムイルジンは株式の自由な売買を認め、その結果、株は企業幹部たちに買い占められた。次いで政府は海外からの投資を呼び込むことに努め、さらには国の主力企業を競売にかけて売却した。今日では生産の八〇％までが民間企業によって行われている。

資本主義となった新生ロシアの不幸はさらに続く。一九九八年、原油価格の下落にともない、未曾有の金融危機に陥ったのだ。外貨準備高はたちまち底をつき債務の支払いが停止し、ルーブルが暴落。賃金未払いとなった坑夫たちが暴動を起こした。その一年でロシア人の平均所得は二五％減少した。そして、国家経済は「ドル化」の波に襲われる。

その後、数年間金融引き締め政策を続けたことによってようやくインフレが収まり、工業や農業が次第に活力を取り戻した。

イジェフスク

私はすでに五十年間このイジェフスクに住み、この町が好きだ。

イジェフスクは一七六〇年に建設された。もとは小さな村で、一七七四年、エカテリーナ二世に対するあの有名な「プガチョフの乱」［コサック出身のプガチョフが農奴制廃止を訴えて起こした反乱。政府軍に鎮圧される］の際に破壊されたが、一八〇七年、武器工場の建設によって再生された。工場を指導したのは、才能豊かなエンジニア、デリャービンだった。

労働者が自由にこの町で働けるようになったのは一八六七年になってからのことだ。イジェフスクの労働者の生活水準は、ロシアの他地域の労働者たちに比べて格段に高かった。イジェフスクの労働者たちは十月革命を受け入れず、この町の住人は、聖職者であろうとインテリゲンチャであろうと、あるいは一般の労働者であろうと、内戦とスターリンの弾圧から逃れることはできなかった。

一九三〇年代初頭にはほとんどすべての教会が破壊されていた。イジェフスクにはフーコーの振り子を備えた大変美しい聖堂があった。フーコーの振り子はロシア広しといえども二つだけ、レニングラード（現サンクトペテルブルク）とここイジェフスクにしかなかった。だが、この聖堂は完全に破壊された。その跡地には学校が建設される予定だったが、結局、学校も建てられることはなかった。信じがたい蛮行である。

一九三四年、イジェフスクはウドムルト自治共和国の首都となる。イジェフスクはウラル地方の典型的な労働者の町であり、中心は工場とそれに隣接する湖である。ウドムルト共和国の人口の半分近くがこのイジェフスクの町に集中している。

ソビエト連邦時代、この工場で生産する製品の種類が拡大され、オートバイ、工作機械、航空機搭載用武器、シモノフ自動小銃、トカレフカービン銃、カラシニコフ突撃銃、さらには宇宙ロケットの部品なども生産されるようになった。

戦争中、この工場では千二百万丁の銃器が生産された。これはイギリス中の工場を合わせた生産量の二倍にあたる数だった。

★★★

一九四八年の初め、ＡＫ47の製造を開始するため、ウラル地方のイジェフスクの工場に赴くよう業務命令を受けた。そのとき私は、この町での滞在もそう長いものではなく、業務が終わればショーロヴォ武器試験場に戻れると思っていた。そこでカーチャと相談し、家族はショーロヴォで私の帰りを待つことにした。

カーチャの母親は、幸いなことに武器試験場のすぐ隣にある小さな村に住んでおり、私たちには心強かった。実際、「おばあちゃん」はロシアの家族における中心的な人物であり、どんな場面でも頼りになる存在だった。少なくとも私が若い頃はそうだった（私の妻もまた模範的な「バブーシュカ（おばあちゃん）」になったが、それはずっとあとになってのことだ）。事実カーチャの母親は、若い娘夫婦の家の中の仕事を日常的に引き受けてくれた。私たちは仕事で忙しく、家事をする暇がなかったのだ。

私がカーチャと出会ったとき、カーチャにはすでにネーリャという一歳の女の子がいた。カーチャの最初のパートナーは武器試験場で私たちといっしょに働いていた。

私がカーチャと正式に結婚したのは、私たちがイジェフスクに居を構えたのちである。当時、誰も結婚の手続きにはこだわっていなかった。結婚していないのにいっしょに住み、さらには子供を持つことに驚く者はいなかった。一九四八年九月の終わりに、私たちの長女レナが生まれた。カーチャが出産した病院は義母が住んでいるアパートの階下にあり、いまかいまかと、何度も様子を見に階段を下りて行ったものだ。ようやく二日目の朝、レナの誕生の知らせを受けた。赤ん坊の髪は真っ黒な巻き毛で、まるでジプシーのようだった。私自身、当時は褐色の髪がふさふさしていたが、巻き毛ではなかった。生まれて数日でレナの髪も直毛になったので、ほっと胸をなでおろした。

AK47がソ連軍に最終的に採用されることになった後の一九四九年秋、私は軍を除隊し、一家そろってイジェフスクに移り住んだ。この町の機械工場で私の銃の改良を続けることになっていた。

文民としての生活が始まった。私たちは初め、イジェフスクにひとつしかないホテルに滞在したが、厳しい夜の冷え込みのなか、ネズミたちがそこらじゅうを駆け回る音がしたものだ。一度など、小さなレナがネズミに嚙まれそうになった。温かい巣穴をつくるのに彼女のベッドが選ばれたのだろう。カーチャが危機一髪、レナを救い出した。この事件以来、私たちは全員いっしょに寝ることにした。

★★★

一九五〇年の春、私たちは共同アパートの一室に引っ越した。十二平方メートルしかない部屋だったが、それでも幸せだった。アパートは全部で三部屋あり、残りの二つの部屋は別の家族が使っていた。浴室やトイレ、台所は共同で、調理コンロもいっしょに使っていた（当時、イジェフスクの住民のほとんどがこのようなタイプのアパートに住んでいた）。

幸運にも、同居人は勤勉でもの静かなとてもいい人たちだった。私たちは親しくなり、パーティーのときには互いに招待しあったものだ。大きな娘がひとりいて、カーチャを手伝って子供たちの面倒を見てくれた。やむを得ず始めた共同生活ではあったが、そういう利点もあったのだ。それまで祖母のもとで暮らしていたネーリャも、私たちといっしょに暮らすためにやって来ていた。

二年後、工場は、私たちだけで使える二部屋のアパートを割り当ててくれた。とても幸運だった。そして一九五三年、末娘のナターシャが生まれた。私は男の子が欲しかったのだが、すぐにこのか弱い娘に夢中になってしまった。だからヴィクトルが来るまで、私たちは五人暮らしだった。

実は、カーチャと知り合う前、私にはある女性との間に息子がひとりいた。一九四二年七月に生まれたその子に、私は兄の名前であるヴィクトルと名づけた（私がカザフスタンのマタイという小さな町にいたときの話だ）。ヴィクトルは母親といっしょにずっとカザフスタンで暮らしていた。一九五七年、母親が列車に轢かれるという悲劇が起きたとき、ヴィクトルはまだ十五歳だった。私はカーチャと相談して、ヴィクトルを引き取ることにした。

結婚する前、私は、赴任した先々で偶然知り合った女の子たちと遊びの恋を楽しんでいた。決して「女たらし」ではなく、どちらかというと臆病だった。それでも私は可愛い女の子が好きだった。だが、人の顔を覚えるのが非常に苦手なため、次に会ったときには顔がわからないのではと心配でたまらなかった。

白状すると、私には育児や家事に真剣に取り組む暇などなかった。そういったすべてを担当したのはカーチャだ。さらに彼女は、学校の父母会の代表として精力的に活動していた。また、アパートの住民の会の代表も務めていたが、これは当時、大変な仕事だった。普段、私は夜十時前に工場から戻ることがなかった。家族は皆、私の仕事がとても大切なものであることを承知していた。子供が言うことをきかないと、カーチャはその子を部屋の隅に立たせ、「お父さんが帰ってくるまでそこに立ってなさい」と命令したものだ。私がいつになったら帰ってくるのか誰にもわからなかったので、これはもっとも恐ろしい罰だった。

スターリンの死後、私の母がついに私たちに会いに来ることができるようになった。母とは実にシベリアを脱走して以来の再会だった！　カーチャは私の母が、長年のシベリア暮らしにもかかわらず、また十八人の子供を産んだにもかかわらず、外見も心も若々しさを失っていないことにとても驚いた。しょっぱいキュウリのピクルス（モロソール）をポリポリ齧りながら紅茶を飲む母の姿をカーチャは面白がり、子供たちもびっくりしていた。おそらく、遠い昔にコーカサスで食べたスイカの塩漬けが忘れられず、そんな食べ方をするのだろう。追放されたシベリアの地で、キュウリがスイカに代わったのだ……。母の滞在中、私たちは、音信不通になっていた長い空白の年月を埋めるかのように、幾晩も幾晩も思い出話に花を咲かせた。私が冗談めいた調子で「お母さん、農作業をしていた息子がスターリン賞をもらったなんて信じられる？」ときくと、母からはこんな返事が返ってきた。「もちろんだよ、ミーシャ。お前はきっと大物になるといつも思っていたさ！」

私のモロソール好きは母から受け継いだのだろう。私が担当した唯一の家事が、この漬物づくりだった。私の十八番は、キュウリとキャベツの塩漬けだったのだ。つくり方は、キュウリを樽の中にまるで小さな兵隊たちのように直立させて並べ、オークや桜や桑といったさまざまな木の葉をかぶせる。そこに西洋ワサビとリンゴを何個か加えるのだ。このような漬物は店でいつでも手に入るものではなく、私たちのような大家族にとっては、値の張る食べ物だった。しかも、私がつくったもののほうが美味しかった。

新鮮な野菜や果物はべらぼうに高かった。そこで、秋の初めになると、私たちは家族全員で買い物かごやネットを持って真新しいポベダ［ソ連時代の中型車］に乗り込み、工場が所有する大きな菜園に出かけたものだ。そこで直接畑から収穫し、新鮮この上ない野菜を購入した。店のものよりはるかに安く、はるかに美味しかった。こうして獲得した戦利品を使って、冬のあいだに食べる瓶詰めをつくることもできた。

妻も私も、きちんとした休暇など一度もとったことがなかった。私たちは、「サナトリウム」（ここでは保養所をそう呼ぶ）にも行ったことがないし、観光ツアーにも参加したことがない。だが、子供たちは違う。彼らは毎年夏になると、ピオネール［少年少女を対象としたソビエト共産党組織］向けの林間学校に参加していた。レナはピオネールで優秀なスポーツ選手として、長年にわたってたくさんの賞を獲得した。

一九六〇年、私たち家族の生活環境が著しく向上した。工場が気前よく私たちに、「フィンランドの家」と呼ばれるタイプのコテージを提供してくれたのだ。戦後フィンランド人の捕虜たちによって建設されたことからこのような名で呼ばれていたらしい。普通は、工場の幹部用の住宅として使われていた。質素なロシアの丸太小屋といった造りだったが、四つの部屋とベランダのほか、例の野菜の塩漬けを貯蔵できる地下室まで備えられていた。小さな庭もついていて、そこに植えられている果樹や小さな菜園の手入れには、ずいぶん精を出したものだ。また子供たちも、念願のペットを飼うことができるようになった。犬と猫とカメとリスをそれぞれ一匹ずつ飼った。私のお気に入りはガヤールと名づけた犬だった。私はその犬といっしょに、狩猟や釣りに出かけたものだ。だが、私があまりにも甘やかしたものだから、ガヤールはすぐに出不精の犬になってしまった。しかもこの犬はきちんとしつけられたことがなかったので、狩猟仲間の不満を買った。それでも私は、ガヤールが大好きだった。それを知っている友人たちは皆、ガヤールの近況を私にきいてくる。そのたびに私は「今、おしゃべりを教えているところだから、そのうち電話に出るよ」などと応じたものだ。

その後、私たちは丸太小屋からもう一度引っ越さなければならなくなった。その家を取り壊し、学校を建てる予定になったという話だった。だが、二十五年後の今でも大好きだったその丸太小屋はまだ建っており、目にするたびにとても懐かしい気持ちになる。とはいえ、新たにあてがわれた新しいアパートもとても快適だった。それが今でも住んでいるこのアパートだ。四部屋もあるアパートは、当時、とても贅沢な住まいとされていた。

★★★

子供たちも成長し、私は四十七歳で「おじいちゃん」になった。一九六六年、ネーリャに娘が、そしてヴィクトルに息子が生まれたのだ。ヴィクトルとネーリャはエンジニアになるための教育を受け、レナはイジェフスク機械学院で学んだ。一九七二年には、レナも結婚して息子のイーゴリが生まれた。私はイーゴリを自分の息子のように育てた。私たちといっしょに暮らしていたのは末娘のナターシャだけだった。ナターシャはバレエに夢中で、専門の学校に通っていたが、体が弱いためにバレエをあきらめ、その後はイジェフスクで機械学を学んでいた。

妻のカーチャは五十歳という若さで重い病気を患った。医者からは感染性の多発性関節炎と診断された。この先ずっと病気の状態で生きるか（寝たきりになり、最後にはまったく動けなくなる場合も多々あると言われた）、それとも、副作用を起こす薬を服用し、体を動かせる状態で数年間を過ごすかという選択を迫られた。カーチャは後者の道を選んだ。彼女はそれ以後、サナトリウムやクレムリン内にある診療所（私にはそこに通う資格が与えられていた）で頻繁に治療を受けることになった。だが、ホルモン療法の末、五十五歳でこの世を去り、家にはナターシャと私だけが残された。

ナターシャは子供たちの中で一番の甘えん坊で、もっとも優しい性格だった。彼女は私の友人たちの間でも人気者だった。レナの息子のイーゴリと、叔母にあたるナターシャとの関係はとりわけ強く、イーゴリは母親のようにナターシャを慕っていた。

ある日、ナターシャがモスクワに行くことになった。嵐が三日も続いており、その間、飛行機は欠航続きだった。三回目にようやく飛行機が運航することになり、当時十一歳だった孫のイーゴリがナターシャを飛行場まで見送りに行きたいと言った。私はタクシーに乗り込む二人の姿を窓から見送った。そのときふいに、ナターシャを見るのはこれが最後なのではないかという胸騒ぎを覚えた。数時間後、飛行場にいるナターシャから、その日も飛行機が欠航することになったので家に帰るという電話をもらい、ほっと胸をなでおろした。

自宅に戻るタクシーで、ナターシャは助手席に座った。運転手がたまたま同級生だったのだ。イーゴリは後部座席に座った。ところが、曲がり角で運転手はハンドルを切りそこない、対向車線に飛び出してしまった。その瞬間、大型バスがナターシャの乗った助手席の側に突っ込んだ。ナターシャはすぐには死ななかった。タクシーから救出され、通りがかった車で病院に運ばれた。

私は何も知らずに、二人の帰りをいまかいまかと待っていた。するとイーゴリがひとりで戻ってきた。ショック状態にあることはひと目でわかった。イーゴリは聞き取るのがやっとの声でこう告げた。「交通事故にあったんだ。ナターシャ叔母さんは救急車で病院に運ばれた」

イジェフスクじゅうの病院に電話をかけまくったが、ナターシャはどこにもいなかった。最後に警察署に行くと、死体安置所にいるという非情な答えが返ってきた。信じられなかった。そんなはずがない、何かの間違いだ。テーブルの上に横たわるナターシャの遺体を見たとき、私は正気を失った。なぜ、娘がここにいる？　家に帰ってきてくれ！　と私は何度も娘に懇願した……。

一九八三年十一月十三日のことだ。ナターシャはカーチャの隣に埋葬された。あと数週間で三十歳になるはずだった。

大切な人を次々と失い、私は深い孤独に打ちひしがれた。

★★★

以来、孫のイーゴリがしょっちゅう家に泊まりに来て夕食をともにしているものの、私はずっと独り暮らしを続けている。ナターシャの死後しばらくは、イーゴリは悲しみのあまり、夜は私のベッドでいっしょに寝るほどだった。そのイーゴリも現在、三十歳になり、商業関係の仕事に就いている。ネーリャには孫が生まれ、おばあちゃんになった。彼女の娘はコロンビアで結婚したので、私にはコロンビア人の曾孫がいる……。

ヴィクトルは銃の設計者になり、私と同じ道を歩んでいる。違う点は、彼は設計者に必要な学校の免状をすべて持っているということだ！　彼は私と同じ工場で働いていて、最近は私のライバルの試作品の製作に貢献した。ヴィクトルは小学生の頃、父親の職業を知らなかった。だが、機械が大好きだった彼は、イジェフスク機械学院に入学し、銃器を専門に学んだ。そのときに父親が実際にどんな仕事をしているのかを知った。卒業時には銃器に関する研究論文を書いて公開審査に挑み、見事パスした。その後、ヴィクトルはＡＫ74の試作品と、次いで狩猟用カービン銃の試作品の製作に参加した。ペレストロイカが始まった頃、彼のチームは内務省用の特別な銃の製作に着手した。その中には、ロシアの都市すべての民警が広く使用している短機関銃「ビゾン」が含まれている。

レナはイジェフスクで電気通信関係の仕事をしている。そして二〇〇二年秋にはカラシニコフ財団（私が名誉会長を務めている）の会長に就任した。私の人生の「国際部門」を担当しているのが彼女だ。さまざまな詐欺行為から私を守り、私のイメージが損なわれるのを防ごうとしているのだが、大変な仕事である……。

★★★

私はどちらかといえば裕福な暮らしを送っている。「新しいロシア人」と呼ばれる成金連中と比べればまさしく貧乏人だが、一般的なロシア人と比べれば、恵まれているほうだろう。何年も前から四部屋ある大きなアパートで暮らしているが、中は美しい家具で飾られ、記念品や贈り物であふれている（歴代の国家指導者から授かった品々だが、その多くが将来の「カラシニコフ博物館」に寄贈済みだ）。一室は丸ごと授与されたものの部屋として使っており、めったに人を入れることはない。

また、大きな庭がついた新しいダーチャ［菜園付きの別荘。ロシアの都市生活者にとって、食糧自給のためにも欠かせなかった。最近は、ここで休暇を楽しむ人も少なくない］も所有している。貯金をはたいて購入した家だ。私は太陽の色をしたこの木造二階建ての小さな家をとても誇りに思っている。子供たち一人ひとりの部屋のほか、私の部屋と書斎まであり、書斎には狩で獲得したトロフィーがずらりと並んでいる。いまやここが私のお気に入りの仕事場だ。窓の向こうには湖が広がり、手前には自分で植えた木々が見える。このダーチャの手入れを、私はひとりで行っているが、大工仕事を含めてそれは私のお気に入りの仕事になっている。ここで使っている芝刈り機は自分で考案したものだが、そのほかにも、庭を荒らすモグラを退治するための「モグラ捕り器」の最新作もある。

というのも、ヴィクトルが私の誕生日にとても高価なモグラ捕り器をプレゼントしてくれたのだが、これがずいぶんと使い勝手の悪い代物だったのだ。ロシア人がドイツからモグラ捕り器を輸入するとはけしからんと思い、性能がずっとよい罠を自ら発案したのだ。特許を取るよう勧められもしたが、「カラシニコフのモグラ捕り器」なんてピンとこないだろう？　だからこの提案を断り、この装置は貴重な一点ものとなった。

車は三台あり子供たちが使っている。フォードとニーヴァと狩に使う４ＷＤだ。工場に行くには、毎朝運転手が迎えに来てくれる。毎日、私はウドムルト共和国の閣僚が利用する食堂でランチをとっている。こんな恵まれた暮らしを送っている人間もあまりいないだろう！

さまざまな出会い

私が初めて行った外国はブルガリアで、一九七〇年代の初めのことだった。妻といっしょに有名な海水浴場「黄金の砂浜」〔黒海沿岸のリゾート地のゴールデンサンズ海水浴場（ズヤトニ＝ビヤサチ）〕へバカンスに出かけたのだ。当時、社会主義圏の国々に旅行に行くことはソビエト人にとってありふれたことになっていた。とはいえ、私は出発前に地元のKGBのオフィスに行くように言われた。

KGBでは厳しい内容の会話が長時間交わされた。それを録音しなかったことが悔やまれる。興味深い記事になったはずだ。

まず、私はさまざまな指示を受けた。私の参加するツアーグループはカザンリクの町に立ち寄ることになっており、そこにはなんとカラシニコフ銃の製造工場があったのだ。だが、決してブルガリア人に私の素性が知られてはならなかった。そもそも、同じツアーグループのメンバーにすら私が誰であるかを知られてはならないと言われた。KGBの職員は私に、イワノフ、ペトロフ、シドロフの中から偽名を選ばせた。私の身元は「軍事機密」扱いだったので、ツアー客の何人かはいぶかしく思ったに違いない。私もとても居心地の悪い思いをした。カザンリクでは、工場内を一周したくてたまらなかった。だが、それは絶対にできない相談だった。

私たちは有名なシプカ峠[1]を訪れた。ここでスコボレフ、グールコ、ドラゴミロフの三将軍に指揮されたロシア兵が同胞であるブルガリア人とともに戦い、ブルガリアを「トルコのくびき」から解放したのだった。そこには大変美しい記念碑が建てられていた。ブルガリアを訪れる前、私は一八七七～七八年の露土戦争について書かれた本をたくさん読んでいたため、実際にその場所に自分が立っていることに感銘を受けた……。

ブルガリアにはその後さらに一九九三年と九五年に訪れる機会があった。そのときは、私の突撃銃と機関銃の複製品をつくっている兵器工場に招待された出張だった。

ブルガリア人の労働者やエンジニアたちとはとてもよく理解し合えた。イジマシュの工場にいるような気分だった。古い知り合い、N・I・コロヴャコフと再会することもできた。彼はもともとトゥーラの設計者だったが、ソフィアに住んでいた。彼は、トゥーラでは、正当に評価されていなかったために高い地位にいなかったのだが、ブルガリアではアカデミー会員になっていた。

再びシプカ峠を訪れた。今回は皆が私の正体を知っていた。ブルガリア首相が私に面会を求め、夕食に招待してくれたほどである。

中国やルーマニアやその他たくさんの国でカラシニコフ銃が生産されている。これはソ連からの贈り物であり、ワルシャワ条約機構に加盟するすべての国で、代価を支払うことなく、自国でカラシニコフ銃を製造することが可能だった。中国では当初、ロシアのモデルと寸分違わぬ銃を生産していたが、しばらくすると、銃の主要部分にこそ手を加えなかったものの、銃床や照準器といったいくつかの部品に変更を加えた。

★★★

一九九一年、私は中国のあるグループ企業から手紙を受け取り、銃器メーカーの視察に招待されることになった。そこで、ゴルバチョフに対するクーデター事件の直後、一九九一年八月十九日から九月二日の日程で中国を訪れた。中国ではカラシニコフ銃の生産工場を訪れることができた。銃の多くの箇所が工員の手作業でつくられている。工場責任者の説明によると、少しでも多くの労働者を雇うためだという。どうやら工員たちは一日四時間しか働いていないようだったが、銃の仕上がりは申し分なく、機械化が進んだほかの国の製品と比べても遜色のないものだった。

（1）シプカ峠　一八七七〜七八年の戦争で、ロシアとブルガリアの軍隊がオスマントルコ軍を撃退した際に戦場となった峠

中国の施設は一九五〇年代のソ連を想起させた。一方で、明るい照明を使った近代的な工場も目にした。そういった工場での生産方法は適切であるばかりか、中国の労働者はとても勤勉に見えた。工場視察のあとには、石林《シーリン》や万里の長城といった観光名所もいくつか訪れることができた。そんな機会に恵まれるとは夢にも思っていなかったのでとても感慨深かった。

ある工場を訪れたとき、アクシデントに見舞われ、その後ずっと後遺症に悩まされることになった。アクシデントが起きたのは、銃身の短い小口径の突撃銃を私が試射していたときだ。私は耳を保護するためにヘッドホンのようなものを着用していたのだが、その様子を撮影していた中国のテレビ局のカメラマンが、耳当てをしていては格好が悪いと思ったのだろう、それを外してくれないか、と言ったのだ。だが、聞き入れるべきではなかった。というのも、そのおかげでとんだ災難に遭ってしまったからだ。その銃はとりわけ音が大きかった。試射のあと、耳鳴りがおさまらず、人と話をしていても、まるで綿で耳栓をしているような具合だった。この過ちの代償は高くつくに違いないと思った。予想どおり、その後、すっかり耳が聴こえづらくなってしまった。

アメリカは、資本主義陣営の中で私が初めて訪れた国だ。

私とアメリカとの関係はとても古く、しかも変わった形で始まった。一九七二年のある日、自宅の郵便受けにアメリカから来たはがきを見つけたのだ。びっくりした。自分の立場を考え、このことをすぐにKGBに報告しなければと思った。そこで私は、古くからの知り合いである地元のKGBのトップに会いに行った。彼は懐疑心もあらわにこう言った。「うむ、君の伝記と写真が欲しいだと？　まずは手始めに、ということだろうな。で、次は何を要求するつもりだ？　君の銃の試作品か？　なになに、君についての本が書きたいだと？　いいか、党の委員会に行って意見を仰ぎ、助言を求めるんだ」

しかし、党の地方委員会の決定はKGBのオフィスに行くようにというものだった。私がまさに行ってきたばかりだと言うと、では、返事を書かずにもう少し待つようにと言われた。誰も自分の身を危うくしたくはなかったのだ……。一年後、私の元に外務省から問い合わせがきた。アメリカの武器史家、エドワード・エゼルから手紙をもらっていないだろうか、と。外務省では私がその手紙に返事をしていないことに驚いていた。官僚機構とはそんなものだ……。

初めてもらった手紙から実に十七年も経った一九八九年七月、モスクワでついにエゼルと対面した。エドワード・C・エゼルはスミソニアン協会が運営する国立アメリカ歴史博物館のアメリカ武器史部門の部長であり、銃器コレクションの学芸員を務めていた。彼は撮影クルーを従えてモスクワに来ており、私は数日にわたってインタビューを受けた。

その翌年、現代銃器の発明者をテーマにしたスミソニアン協会用の学術ドキュメンタリーの制作を続けるため、今度は私がアメリカを訪問することになった。こうして私とエゼルは固い友情で結ばれた。私たちは同じものに熱中する二人の子供のようだった。銃器一般や、さらにロシアの銃に関して彼が書いたものは、それまでソ連の研究者が書いたものよりずっと内容が濃く、興味深かった。残念なことに、エゼルはこの出会いから数年後に亡くなった。彼からの手紙を、私は大切に保管している。その中の一通に、彼はこんなことを書いている。「銃器史家として私は、誇張でもお世辞でもなく、二十世紀後半の銃器の技術の変遷に決定的な役割を果たしたのはあなただと思っています。この点に関して異論を唱える人はいないでしょう。あなたは、現代世界の形成に大きな役割を果たしました。それゆえにあなたの製作過程は大きな関心の的なのです」

エドワード・エゼルは私にとってクリストファ・コロンブスのような存在と言えよう。なにしろ彼のおかげで、私はアメリカ大陸を発見したのだから。それがこんなに歳をとってからだったのが残念でならない。若い頃の私は、旅行から帰ってきた人の話を聞くのが大好きで、見知らぬ土地の話を聞きながら想像の翼を広げたものだ。

だから、一九九〇年にエゼルからアメリカに来るよう招待されたとき、まるで月に行くような気分だった。こんな冒険がはたして可能なのだろうか? 私の出国は認められるのだろうか? 出国できたにしても、アメリカに入国することはできるのだろうか? 私たちはいつもアメリカこそ第一の敵国だと教えられてきたのだ。

娘のレナと通訳とともに、モスクワにあるアメリカ大使館を訪れた。ビザの取得が、あれほど大変なものだとは思いもしなかった。知っていたら、アメリカ行きなどすぐに断念していたことだろう。私たちは一晩列車に揺られてモスクワに着くや、早朝のうちにアメリカ大使館に出向いた。すでに、建物の入り口は大勢の人でごった返していた。申請用紙をもらうだけで三時間かかり、それを窓口に出すのにさらに三時間かかった。やっと私の番がきて、若い大使館職員は私たちのパスポートに小さなシールを貼りながら「大丈夫、問題ないでしょう」と言った。だが、通訳はわざわざ気を利かせて、私が「あの」カラシニコフであり、まさに「AK47」の設計者であることを職員に告げた。すると突然、若い職員は顔色を変え、パスポートを私たちの手からひったくると、私に関してはアメリカ国務省の特別な許可が必要になると言い渡したのだ。そのために、私はさらに十日も待つはめになってしまった！

エゼルの尽力と私たちの友情のおかげで、私はアメリカの銃器設計者、ユージン・ストーナーやビル・ルガー、さらにはイスラエルの有名な短機関銃「ウージー」の生みの親、ウジール・ガルといった有名な設計者たちとも会うことができた。

ストーナーと私は、スミソニアン協会のアーカイヴ用に制作された現代武器の発明者に関するドキュメンタリーフィルムに出演した。スミソニアン協会といえば、万人が認める科学文化の殿堂である。この国家機関の使命は、私たちの文明が生み出した文化、科学、技術的な所産を、収集、保管、展示することにあった。

M16の発案者、ユージン・ストーナーと何日かいっしょに過ごすうちに、私たちのあいだには互いに大きな尊敬の念が生まれた。ある日、演習場で実射会が開催された。私は彼のM16を、そして彼は私のAKMを使用した。「カラシニコフ銃は射撃のリズムも違うし、音も違う」と、会に出席したある将官が指摘した。そしてこう付け加えた。「現役時代、何度も、敵から奪ったカラシニコフ銃を手にする機会があり、実戦でそれを使うこともできたのだが、違う音が出るため、仲間の兵士が敵だと勘違いして撃ってくるのが怖くて使えなかったんだ！」

アメリカでは、ストーナーは謎に包まれた人物とされている。マスコミ嫌いで、実際に隠遁生活を送っていた。彼は最初は平凡な工業デザイナーだった。大戦中に銃器に関わるようになり、まずは弾薬の開発に取り組み、次いで自動小銃に移行したのだそうだ。彼のM16はベトナム戦争中に完成している。

ストーナーと私には共通点が多い。もっとも大きな共通点は、ファシズムに対する闘いが、新しい銃の開発へと向かわせた大きな原動力だった点である。そしてストーナーも私と同じように、独学で知識を身につけた。彼もまた、高等教育も専門教育も受けておらず、第二次世界大戦中は海軍の上等兵だったからだ。

アメリカ人は私に並々ならぬ関心を寄せてくれた。エドワード・エゼルはこう説明した。

「ソ連の軍需産業のキーパーソンがどんな人物なのか、西側の人間は興味津々なんだ。カラシニコフの歴史を振り返れば、ソ連が、独自の技術を編み出しながら、いかにして海外の銃とは違う銃を設計できたのか理解することができるからね。それに祖国の英雄となった人物についても知ることができるのだから」

そしてエゼルは、ストーナーのような世界を代表する偉大な銃設計家たちが、私の銃を世界一優秀な銃とみなしていると付け加えた。「専門家のなかには、M16が同等の価値を持つと言う者もいるが、個人的にはまったくそうは思わない。テレビのニュースに登場するのは、ベイルートだろうがイランの砂漠だろうが、エル・サルバドルのジャングルだろうがアフガニスタンの山岳地帯だろうが、いつだってAK47だ。だからこそ、私たちアメリカ人がミハイル・カラシニコフという人物に強く引かれるのさ」

ストーナーは傲慢やうぬぼれとは無縁の気さくな人柄で、私をすぐに友人として扱ってくれた。そして重要な席ではいつも、私を立てて自分はいつも一歩後ろに引いていた。歳は私より三歳若く、同じ十一月生まれで、星座も同じだった。彼のほうが背が高いが、外見的にも似通っていた。服装も、セーターに薄手のパーカーといった、私と同じような格好をしていた。

アメリカ人はあまり自宅に私を招待しようとはしないことに気がついた。知り合うとすぐに自宅に呼びたがるのは、どうやらロシア人ならではの習慣なのかもしれない。

自分とストーナーとには、ひとつ大きく違う点があった。それは、私が考えられうるありとあらゆる勲章や称号を国家から授けられていたということだ。公式の会見の際、私は上着に二つの社会主義労働英雄称号とレーニン賞の金色の徽章《きしょう》を佩用《はいよう》していたのだが、ストーナーはそれを興味深げにしげしげと見つめていた。彼はアメリカ政府からひとつも勲章を授かったことはなかった。その代わり、とても裕福で、自家用の飛行機やヘリコプターを保有していたほか、彼の突撃銃M16が世界で一丁売れるごとに、いくばくかの金銭を手にしていた。

私はストーナーを才能豊かな設計家だと思っている。彼は長く病床にあったのち、一九九七年に自分の意思で生命維持装置を外して亡くなった。

一九九二年、今度はビル・ルガーの招待で私は再びアメリカを訪れた。そのときはアメリカの西海岸地方、インディアンやカウボーイの国アメリカを発見した。ルガーは三つの工場を所有しており、そのひとつを私が訪問したときには、まるでハリウッドスター並みの歓迎だと言われた。

一九九三年にはウジール・ガルと再会した。彼とは一九九八年にもう一度会う機会があり、そのとき意気投合した。彼は二〇〇二年九月にアメリカで亡くなったが、イスラエルに埋葬されている。ルガーも最近亡くなった。

こうして、現代銃器の設計家のなかで私が最後の生き残りとなってしまった。

初めてのアメリカ旅行以降、フランス、ドイツ、イギリス、スイス、中国、インド、コロンビア、アルゼンチン、南アメリカ、サウジアラビア、アラブ首長国連邦、ヨルダンなど多くの国々に四十回近く旅行した。

一九九五年、私は国営企業ロスボルジェニ社の社長顧問に任命された。同社の再編後は、ロソボロネクスポルト社の顧問になった。そして、このロソボロネクスポルト社の代表として、さまざまな国で開催される武器見本市に参加した。最近参加した見本市はヨルダンで開催されたもので、テロ、人質事件、密輸との闘いをテーマにしたものだった。ヨルダンの若き国王、アブダラ二世が個人的に私のところにやって来て、熱烈な歓迎の意を表してくれた。

だが、訪れた国で一番気に入っているのは、小国スイスだ。スイスでは何もかもが清潔で光り輝いており、牛だってピカピカだ。

外国からロシアに帰ってくるたびに、貧しい祖国を見て私の胸は痛む。だが、本来、ロシアは非常に豊かな天然資源と人的資源を持つ国だ。ほかの国々とは比較にならないほど広大で、多くの苦難を経験し、ドイツ人に国土の半分を蹂躙《じゅうりん》された歴史もある。あれから六十年の歳月が過ぎたが、正直言って、私たちはもう少しうまくやれたのではないだろうか?

今、私のもとには世界中から大量の招待状が届けられている。その招待に応じることはめったにない。なんと言っても、私はもう八十三歳だ。祝い事のある特別な日には、アメリカ、ドイツ、フランスなどから電話が入る。手紙やファックスもすぐに受け取れる。ほんの十年ほど前までは、外国人となれば疑ってかかっていた。この国ではそれが当たり前だったからだ。この変化こそ、ペレストロイカのもたらした良い点であり、おかげで私たちは外の世界に開かれることになったのである。

★★★

私はイジマシュの工場で五十年近く働いている。ここは、卓越したエンジニア、デリャービンによって創設され、二世紀にわたり武器製造を専門にしてきた有名企業である。だが、一九九一年の民営化ののちに株式会社になってから、斜陽になった。これはなにもイジマシュに限ったことではない。国防関係の工場の多くがこの時期に衰退した。優秀な専門家、エンジニア、工員たちが職を失い、今なお失業中なのである。

イジマシュで働くほかの多くのスタッフ同様、私も会社の株式の一部を取得したが、一切の配当金を受け取ることも経営権を持つこともなかった。私は、半世紀にわたり私の名前がついた銃をつくり続けてきた企業の「オーナー」の仲間入りも果たせず、工場の民営化によって資本家になれたわけでもない。

国の財産を民間セクターに移譲することは私にとってまったく喜ばしいことではない。裕福な人々が誕生することに反対なのではなく、ロシアの人々が何世代にもわたってつくり上げてきた富が、あっという間に一部の個人の懐に入るのが許せないのだ。それでロシア全体が豊かになるとはまったく思えない。「新しいロシア人」と呼ばれる新興富裕層は今、世界中で不評を買っているではないか。

私はまさしく社会主義システムの申し子なのだ。人は私を、「最後の恐竜」と呼ぶだろうが、まあ仕方がない。ずっと、自分が働いてきたのは国のためであって、個人の財産を築くためではないと考えてきた。私がこの生涯でなしてきたことはすべて、ロシアのものである。

それでも、周囲の人々が私を「資本主義の冒険」に引きずりこもうとしたことがある。だが、私の社会主義的な頭に法律に関する無知が重なって、悲惨な結果に終わった。

というのも、一九九二年、私は株式会社「カラシニコフ」の設立が政府レベルで決定されたという知らせを受けたのだ。正直に言おう。最初、私もその知らせに誇りを感じたものだ。「カラシニコフ社」なんて、まさしく堅実で生真面目な印象を与える名ではないか！ 名前を社名に使うために私を説得する言い草は、まさに社会主義的なものだった。祖国のため、我々の工場のため、失業して収入のない人たちのためにこの名が必要なのだと言われたのだ。

「カラシニコフ株式会社」はウドムルト共和国の企業すべてを結集するという話で、私は、就任の条件を話し合うこともなく名誉会長を引き受けてしまった。単純にも、自分の名前なのだから自分で管理できると信じていたのである。私が「私の」会社に対して、何の権利もないことを知ったときの失望は大きかった。少なくとも、会社のイメージが私の考えにそぐわない場合、「カラシニコフ」の名を取り下げることのできる権利ぐらいは要求すべきだった。だが、どうやら会社の定款にはそんな規定がないらしい……。

この会社は、まだ一度も武器その他の軍事機器を輸出したことがないのがせめてもの救いだ。私の名前を騙《かた》った武器の販売が一切行われていないことに胸をなでおろしている。

一九九六年、イジマシュ社は改良型AKをベースに猟銃「サイガ」の生産を開始し、アメリカ人と合弁会社を設立した。そこに私の名前「カラシニコフ」がつけられた。ここでもまた、私は、工場と労働者のためになるのだからと説得された。会社は稼働しているようだが、まったく音沙汰がなく、利益も一切受けていない。この会社とは、契約書すら交わしていない。

私が、海外でカラシニコフ銃を生産、販売している外国の企業とは一切関係がないことだけは、はっきりとわかってもらいたいと願っている。

現在、私が財団を設立した目的は、私のイメージと名前をあらゆる種類の詐欺行為から守るためである。

第七章　雑記

スターリン賞受賞後に買った車・ポベダ
[ソ連時代の中型車]の中で。妻カーチャと

私は人生のすべてをＡＫの設計とその改良に捧げてきた。何かをしようとするならば、徹底的にやらなければならない。遊び半分の片手間仕事では、決して良いものはできない。プーシキンの詩をもじって、こんな一節を書いたことがある。「懸命に働いたことによって、私は自分に記念碑を建てた。そしてつねに、兵士たちがそこに通じる道を進んでいく」。そう、私は、兵士たちが私に感謝し続けてくれるだろうと心から信じている。

八十三歳になった今でも、朝八時から夕方五時まで働いている。朝は五時にはベッドから起き出している。とはいえ、毎週金曜日を休息の日にしているので、週に三日は休日だ。工場における目下の仕事は、おもに猟銃の設計に関するものだ。

受け取る手紙の数は以前よりさらに増えた。多くが、単に私のサインを欲しがる内容のものだ。欧米諸国ではサインが大人気らしい。転売している人もいるのではないかと思うが、仕方がない。それでも私はサインを送っている。また、たくさんのロシアの雑誌のほかに、海外から大量の雑誌が届き、翻訳してもらっている。

最近の私は、チェーホフ作品の登場人物のひとりで、あちこちの結婚式に招待されまくる将軍のようになってしまった。ウドムルト共和国内で開催される、ありとあらゆるパーティーに出席しなければならないのだ。たいていの場合、レセプションの前にはスピーチがある……。パーティーだの五十周年記念だの、催しすぎではないのだろうか。なんでもかんでも祝いたがる。一周年記念、二周年記念、十周年記念……、これが今の流行なのだろうか。失われつつある創造的精神も、パーティーに関してだけは例外らしい。

私はすっかり「有名人」になったが、だからといって決して思いあがってはいないつもりだ。私は老人だ。人の顔を覚えるのは前々から苦手だったが、最近は以前よりも頻繁に失敗をやらかすようになってしまった。過去に会った人を覚えていないことがよくある。そういう人たちは私に馬鹿にされていると思っているだろう。この問題に対処するため、見知らぬ人にも挨拶することにした。あの老人もついに焼きが回ったなと噂されることになるかもしれないが……。

しかし、この私の名声によって、日の目を見ない人々もいたらしい。若い才能の芽を摘み取っていると私のことを非難する者がいるのだ。いわく、カラシニコフ銃の二倍も優れた銃がいくつか誕生したはずだ、と。それを聞いたとき、侮辱されたような気がした。不愉快で、愚にもつかない指摘だ。これではまるで私が他人の発明を邪魔したようではないか！

技術とはすべて改良することができるし、また改良されなければならない。よい結果を得るためには、つねに明確で具体的な目標を設定しなければならないのだ。そして私は、発明家がまったく新しいものを発案することはもはや不可能だと思っている。発明品とは既存の要素をベースにして初めて得られるものだからだ。真の発明家は、決して探求の道で立ち止まることはない。どんな場面においてもつねに考えているものである。

特殊な仕掛けを思いつくときには、日常生活で使っている道具からアイデアをもらい、それを設計に応用することもしばしばだ。たとえば、ドアの差し錠を修理しているときに、他の製品に流用できるヒントを得るといった具合だ。私の初めての発明品は、目覚まし時計の部品を使用したものだった。このとき駄目にしてしまった目覚まし時計は数え切れない。子供の頃から現在に至るまで、私は考えられうるありとあらゆる機械を分解しては組み立て直してきた。その多くを壊してしまったわけだが、修理したものもいくつかある。

試作品を評価する委員会から意見が示され、作品の欠点を指摘されると、試作品の変更を余儀なくされる。そういうときは、欠点を個別に修正するのではなく、全体のなかでとらえ、重要な部分はどこかということを考えながら総合的に検討した。多くの場合、大きな欠陥を改めることより、小さな欠陥を正すことにより時間をかけた。というのは、その小さな欠陥こそが機関部全体の作動に大きな影響を与えていることがままあるからだ。

ある製作目標を自分自身に課すと、心安らかな生活はしばしお預けとなる。その目標を達成するまで、昼夜を問わずそのことしか考えられなくなるからだ。改良するという行為には、終わりがない。

今日、人々にはもはや真面目に働こうとする意思、何かを新たに生み出そうとする意欲がない。商売をやりたがる者ばかりだ。イジェフスクの町でも、地下倉庫や通りの一角まで、店舗に使われていないところはどこにもない。自宅の地下室ですら、物売りに利用されるほどだ。ロシア人は昔から労働の価値を讃え続けてきたというのに、今や誰も額に汗して働こうとはしないのだ。

自分の仕事、特に自分の発明品が人々の解放に使われたと耳にすると大きな誇りを感じる。反対にそれが他者を抑圧することに使われた場合には、当然のことながら心が張り裂ける思いだ。私の銃はしばしば誤った使い方をされているが、それに対しては責任を感じていない。というのも、自分の銃の設計に関すること以外に私が決定権を持ったことなど一度もなかったからだ。だから、世界の今の状況を自分の責任だと感じたことはまったくない。そもそも政治的な問題に関与したことなどないのだから。

一九一七年の革命後に選んだ道は果たして最善のものだったのだろうか？　私たちは道を間違えたのだろうか？　私は、革命の社会主義的な思想は正しかったと思っている。革命が、混乱を引き起こし、罪もない人々の犠牲をともなうのは当然だ。革命とはいわば竜巻のようなものである。フランス大革命でも同じようなことが起きたではないか。

人間の平等やその権利に関するレーニンの思想は、私にとってはいまだになじみ深いものだ。それは進歩主義的な思想だったといえる。私が言う人間の平等とは、人間の画一化などというナンセンスな平等主義とは違う。すべての人々が同じであるはずがない。しかし、スタート地点ですべての人々に同等の権利を与えることは、崇高で正義にかなうことだと思う。ソビエトの権力がまだ磐石でない時期にレーニンが早死にしてしまったことが残念だ。彼が生きていれば、事態はもっとうまく推移したことだろう。私にとってレーニンは天才だからだ。

子供の頃、学校でトロツキーは人民の敵だと教えられ、私たちも当然そう信じたものだ。周りでは数々の悲劇が繰り広げられたにもかかわらず、私たちは自分たちの指導者、私たちの「案内役」に対する信頼を失うことはなかった。トロツキーが「人民の敵」にされてからは誰ひとり、彼の功績を思い出そうとはしなかった。とはいえ、トロツキーは赤軍創始者のひとりである。彼についてはさまざまな本を読んでみたが、私はなかなか自分自身の意見を持つに至らなかった。この問題を扱う記事はしばしば主観的で、センセーションを煽る内容になっているからだ。十月革命の謎に光をあてるため、革命期に作成された資料や生存者の回想録を検討するのにはさらにあと十年ほどかかるだろう。良いワインと同じように、歴史も真の評価を得るには、それなりの歳月が必要なのだと思う。

★★★

私はかつて共産党員だった。今でも党員証を持っている。共産主義が成功したとは思っていないが、その理想は信じている。だから、自称共産主義者たちが、エリツィンの登場とともに、国の富を率先して独り占めしようとした姿を見て、憤りを感じた。

大切なのは、権力に就いている政党の名前ではなく、その政策と、何よりその結果だ。政党名などまったく重要ではない。現在私は、自分はどの党にも属していないと思っている。政治に巻き込まれずに、中立の立場でいたいからだ。今ある既成の政党で支持したいところはない。共産党は迷走している。ヤヴリンスキー[1]やジリノフスキー[2]といった個人についていえば、単純に真剣さが感じられない人物だと思う。

数年前、現在モスクワ市長を務めるルシコフから、彼の政党「祖国」に参加するよう説得された。私は党員証をもらったが、その後「祖国」は解散してしまった……。多くの政治勢力がひしめき合うのはそんなによいことなのだろうか？　私が好むのは、一方が他方を批判する二大政党制だ……。

私たちは驚くほどめまぐるしい変化の時代を生きている。十月革命の風をいまだ覚えている人はいるのだろうか？　ジュガーノフ[3]と彼の政党は、もはや真の共産主義者とは言えない。

（1）グリゴリー・アレクセーエヴィチ・ヤヴリンスキー　自由市場経済学者で、ヤブロコ党党首
（2）ウラジーミル・ヴォリフォヴィチ・ジリノフスキー　極右政党、ロシア自由民主党（ＬＤＰＲ）党首
（3）ゲンナジー・アンドレーエヴィチ・ジュガーノフ　ロシア連邦共産党党首。ソ連共産党の流れをくむこの党は、重要な役割を果たしているものの、ロシア連邦の下院「ドゥーマ」における多数派勢力ではない

旧ソ連の人々に対して大きな責任があるのはゴルバチョフだ。彼はエリツィンが「ベロヴェーシの陰謀」[4]を画策したとき、まだ大統領の地位にいた。このクーデターを未然に防ぐためには、特殊部隊を派遣するだけでよかったのだ。大統領たるもの、背後で画策されている企みには敏感でなければならない。ところがゴルバチョフは、断固とした姿勢を欠き、ソ連邦の突然の崩壊とCIS独立国家共同体(なんといらだたしい名称だろう)の創設の承認を許してしまったのである。

一九九一年のクーデターはとりわけ深く記憶に刻まれている。その前日、私は中国に行くためのビザを受け取ったのだ。息子のヴィクトルとモスクワに到着し、ホテルでクーデターのニュースを知った。中国への出発は翌朝のことで、飛行機は欠航してはいなかった。事件に関する正確な情報はまったく得られなかったが、私たちはとにかく中国に向かうことにした。中国に着くと、通訳がロシア語でこう言った。「クーデター参加者は皆、逮捕されましたよ」。私はとても心配になった。ロシア国内の治安が脅《おびや》かされていたからだ。私はつねに内戦には反対だった。どんな場合においても法は遵守されなければならない。ゴルバチョフはここでもその脆弱さを露呈してしまった。ゴルバチョフは大国の指導者としての行動ができず、私は彼に同情など感じなかった。彼は大きな志を持つ人間ではないように見えた。

エリツィンについては、まったく好きになれない。ロシア議会が世界中の恥さらしになり、私たちロシア人が物笑いの種になったのだ。自国の議員に対し、その態度がどうであれ、発砲するよう命令するとは、酔っていたとしか思えない。あのような地位にある者が、魂と良心に誓って、いったいどうしたら戦車を使って同胞の者に銃を向けることができるのだ？　その光景を見て、私は激しい怒りに駆られた。自分の拳銃をつかみ、闘う覚悟になっていた。エリツィンの行動は弁解の余地のない許し難いものだった。彼はまさに罰せられるに値した。

テレビではしばしば、酔っ払った……それもかなり酩酊したエリツィンの姿が映し出された。これではロシア国民の信頼を勝ち得るはずがない。ロシアには礼節を知った、知的で優秀な人物がまだ残っているのだろうかと不安になるほどの醜態だ。エリツィンも前任者のゴルバチョフも、簡単に意見を変えるまさに風見鶏のような輩《やから》なのだ。

代議員を務めていたとき、私は地方のかなり高い地位にある共産党指導者たちと知り合う機会があった。この人たちは何ものにも揺らがない、強固な意志と原則をもっていると思ったものだ。やがて登場したエリツィンは、何人かの手下とともに、私たちの偉大な祖国を破壊する専横的な条約に署名した。すると党の上層部たちは、我先にとこぞって国家の財産に飛びつい

（4）ベロヴェーシの陰謀　ベラルーシのブレスト［ベラルーシ西部の都市］近郊にあるベロヴェーシで、一九九一年十二月八日、ロシア、ウクライナ、ベラルーシの大統領がソ連邦の消滅と独立国家共同体（ＣＩＳ）の創設を決定。ミハイル・ゴルバチョフは十二月二十五日に辞職した

た！　ソビエト連邦崩壊後、現在に至るまで、肯定できるようなことはまったくなかった。学校に行くのにベンツで送迎される子供たちがいる一方で、通りでごみ箱漁りをしなければならない子供たちもいる。そんな状況を喜べるだろうか？　少なくともソビエト時代にはこんなことはなかった。

対外的な面でも苦戦している。かつて私たちはドイツに勝利し、ベルリンにまで兵を進めた。今ではドイツに施しをもらおうと手を差し出している。このことは私を少々不愉快な気持ちにさせる。それよりも、ドイツ人に我が国に与えた損害の代償をきっちりと支払わせるべきだったのではないか。彼らは甚大な被害を私たちに与えたのだから賠償させるべきなのに、私たちときたら、彼らに援助を請う羽目に陥っている……。

だが、ベルリンの壁、あれは本当に建てる必要があったのだろうか？　私にはわからない。万里の長城はまだ理解できる。異民族の侵入から身を守ろうとしたのだ。だが、同じ民族を分断するために壁を築くことは私の理解を超えている。この壁は私たちにも高くついた。いずれにせよ壊してしまったのなら、もともと建設する意味があったのだろうか？　まるで「シシュフォスの岩」［ゼウスに憎まれたギリシア神話中の人物シシュフォスは、死後、地獄で大石を山頂へ上げる刑に処せられたが、山頂近くになると必ず底まで転がり落ちた。「徒労」を意味する］と同じではないか。

現在、ロシアでは北大西洋条約機構（NATO）に加盟する用意がほぼ整っている。私たちの不幸は、継続的に何かを行うという精神が欠けていることだ。ロシアはすでにNATOの軍隊に包囲されている。NATOに参加したところで得るものなど何もないと思うのだが。ウクライナが加盟を希望することは私も驚きはしない。だが、ロシアがNATOの気を引こうとしているのは情けないと思う。これまで私たちが教え込まれてきたどんな考え方とも逆行するからだ。実際のところ、ロシアに関するアメリカの真の意図は誰にもわからない。彼らにとってはロシアが分裂したほうが好都合なのかもしれない……。

景気も良くない。大地が生み出したものを売ることは理解できるが、大地自体を売るというのはどういうことだ？　私たちはあと先考えずに石油を採掘し、世界中に輸出しているが、子孫のことをまったく考えていない。私たちの子孫がこれらの資源すべてを使えるようにしようなどとはまったく考えていないのだ。それでも、これらの利益を国が手にするのなら、まだわかる。だがご承知の通り、利益を得ているのは一部の人だ。限られた人々がますます富む一方で、貧困はますます多くの人々を苦しめている。

現在準備されている土地の私有化は、こうした貧富の差をさらに拡大するだけだ。土地を購入するのは農民ではない。「農民に土地を」は革命のスローガンのひとつであり、それは私たちにとっては既得権となっている。アルタイ地方において、農民はひとりでは何もできない。

現地の農民たちは言う。足りないのは土地ではない、播種や収穫に使用するトラクターのガソリンだ。また必要なのは組合だ。ロシアは巨大な国であり、全員に行き渡るだけの土地はある。どうやら土地が不足しているのはモスクワだけのようではないか。それも、あの成金の「新しいロシア人」たちのダーチャを建てるために。

我が国の生産高は停滞し、人々の貧窮ぶりは目に余る。

イジェフスクとモスクワを結ぶ鉄道はヴェコーフカという駅で停車するが、その小さな町にはクリスタルガラスの工場がある。この工場ではずいぶん前から給料が支払われていない。代わりに、労働者には工場で生産されたクリスタル製品が支給されている。彼らはそれを駅のホームで売っている。列車が来るたびに客車のドアめがけて走ってゆき、真夜中であろうと、乗客たちにクリスタル製品を売ろうとする。雪の中で売り手たちが押し合いへし合いし、クリスタルガラスが割れる音がそこここから聞こえてくるという。そんな現実離れした光景が繰り広げられているのだ。彼らは乗客たちに向かって製品のすばらしさを声高に宣伝する。確かにとても美しく、品質もいい。それなのに、彼らは二束三文で売らなければならない。時間が経つとともに値段はどんどん下がってゆき、列車が出発する頃には、彼らのがなり声は懇願に変わっている。「どうかお願いです、買ってください！　タダみたいな値段ですよ！　もう一年も給料をもらっていないのに、子供たちを養わなければならないのです」。ホームに降り立とうものなら大変なことになる！　何人もの売り子たちに、文字通り包囲されてしまうのだ。

このヴェコーフカ駅で私は何度か買い物をした。そのとき、売り子をしている労働者たちから少し話を聞いた。最近はあるご婦人から小さな花瓶を買ったのだが、彼女は、真夜中に来て、やっと自分の商品が売れて本当に嬉しいと涙ながらに語っていた。数年前まではこういった行為は禁止されており、民警が棒で追い払っていた。売り子たちには容赦なく、棍棒の雨が降っていたのだという。このような話を耳にすると、どれだけ深い悲しみに襲われるか、言葉では言い表せない。こんなことが、どうして起こり得るのだろう？　私たちの夢が踏みつけられ、めちゃめちゃに壊された思いだった。あの割れたヴェコーフカのクリスタルガラスのように。

私は自分の人生の五十年をイジマシュの工場に捧げ、工場の繁栄のために闘ってきた。その結果は？　私の工場でも給料の支払いは滞っている。

個人的にはもちろん、私は自分の置かれている状況に不満を述べるつもりはまったくない。工場からは現在、ひと月に一万五千ルーブル(5)の給料を受け取っている。将官年金も支給されている。これは自動的に私の預金口座に振り込まれている。私はこの年金の額すら知らないのだが、大した金額ではないことは確かだ。

(5) 一万五千ルーブル　約五百ユーロ［およそ七万七千円］（二〇〇二年時点）

このような悲惨な状況が行き着く先は、アルコールと麻薬だ。今日、アパートの向かい側に建つ高校を窓から眺めてみると、生徒たちが麻薬をやっている姿が目に入る……。なんと情けない光景だろう！

私はタバコにも反対で、特に女性の喫煙は許せない。どんなに美人でも、タバコを吸ったとたん、その女性が嫌いになる。だが、私の息子も孫も吸っている……。しかし、私のアパート内ではタバコは厳禁だ。著名人や高位の客であってもだ。階段の踊り場まで出て喫煙してもらっている。

以前はこんなことはなかった。未成年者がタバコを吸っているのを見かけると、自分の子供でなくとも迷わず頬をはったものだ。しかも、若者の飲酒量も今とは比較にならないほど少なかった。もちろん、酔っ払うこともあったが、祭りや特別な機会に限られていた。私が若い頃はこんなに簡単にアルコールを買うことはできなかった。また、麻薬が大量に出回るようになったのはソ連が崩壊してからのことである。

さらに、現代では若者たちが軍隊に行きたがらなくなってしまった。親たちは子供が兵役に就かなくともすむように金を出している。私たちはと言えば、赤軍の一員になれて誇りに思ったものだ。個人的には徴兵されたとき、とても嬉しかった。自分が関心を寄せるさまざまな技術を勉強できると思ったからだ。

ソ連邦の解体後、人々のメンタリティーは変わってしまい、互いに疑心暗鬼になってしまった。私のアパートの入り口には鋼鉄製のドアが取りつけられた。強盗などを防ぐため、ほかにどうすればいいのだろう？

刑務所では、大量の犯罪者たちが死刑執行を待っている。私が刑の執行の責任者であれば、即座に執行するだろう。もちろん、殺人犯に関してのことだ。彼らに食事を与えて散歩をさせたり、メディアに登場させたりしていったいなんの役に立つのだ？　脱走し、また人殺しをする者もいる。私は死刑制度に反対ではない。その点はソルジェニーツィンと意見が同じだ。たとえソビエト的なものすべてに対する彼の憎悪については容認できないにしても。

★★★

私が仕事で成功したのは、おそらく粘り強い性格のおかげだろう。私は幼少の頃から大変な働き者だった。子供の頃は自分より小さな子供たちの面倒をみたが、これはなかなかの大仕事だった。また、両親は、野良仕事の手伝いをさせるため、私を近所の人たちに「貸し出し」もした。私は今まで肉体労働を厭わしく思ったことがない。土起こしや種まきや乳搾りなど、農家の仕事ならすべてやり方を心得ている。

だが私が何よりも好きなのは秩序だ。いつ、どんな場面においても、秩序、美、完成といったものに近づきたいと努力した。そしてこの年齢になっても、紙きれ一枚でも落ちているとすぐに片づける。家はすべてがきちんと整理されている。家事を行っているのはこの私だ。整理整頓されていないと、そこで暮らすことも、働くこともできないのだ。

現在は独り暮らしだが、周りにあるものすべてがすっきりと片づいている状態であるよう心がけている。私の家では汚れたままの皿など絶対に目にすることはない。私の標語はこうだ。

「すべてのものがきちんと整理され、見た目にも美しいこと」

ダーチャの中でハエでも見かけようものなら、すぐさま非常事態を宣言する。そして誰かが退治してくれるまで、落ち着いて座ってはいられなくなる。

アパートで大工仕事をするのも好きだ。一九五〇年代に、独創的な食器棚を目にした。私はその食器棚をヒントに自分用に完璧な形の棚をつくり、その後いくつか製作して友人たちにあげた。いったんやり始めたことは必ず最後までやり抜くことにしている。これもまた、私の性格の大きな特徴のひとつだろう。

とはいえ、人間くさいところもある。私は釣りと狩と女性に目がない。私は、きっと人生を謳歌できる人間なのだろう。人生で一番幸せだった日、それは母親のお腹から出てきた日なのだ！

私の人生にはいつも「恋」があった。ドンファンではなかったが、美しい女性にはいつも心を奪われた。女性は美しくあるべきだと思う。私は女性が辛い労働に従事している姿を見るのが耐えられない。女性らしさを失ってしまうからである。

最近は読書をして過ごすことが多い。私はあまり勉強する機会がなかった。いつも仕事に忙殺され、学校などできちんと学ぶことができなかったのだ。だが、多くのことを本で学んだ。特に「ためになる」本が好きで、歴史や政治、テクノロジーなどについて学ぶことのできる本が好きだ。孫が新しい本を持ってくるたび、それをひったくっては、真っ先に読んでいる。

今はセネカとモンテスキューを読んでいる。立ち止まって思索をめぐらせた箇所にはすべて下線を引くようにしている。読破すると、ページの最後に署名する。それが私にとって、本を最後まできちんと読み終えた印なのだ。

ときどき、特に欧米のジャーナリストから外国に住みたくはないかときかれることがある。そんなときはたいてい、大好きなセルゲイ・エセーニンの言葉を引用することにしている。

——ロシアなんて放っておいて、さあ、天国においで！
——天国などいらない、祖国で暮らしたいのだ。
我がロシア
この地をおいて天国はない

★★★

恐ろしい夢を繰り返し見るようになって久しい。夢の中の私は、夜、知らない道をひとりで歩いている。わずかな明かりが見えてくるまで、まだまだ長い道のりを歩かなければならないと知っている。急ぎ足になり、ついには本気で走り出す。眠ってはいけない、危険が自分をつけねらっている、という奇妙な予感にとらわれる。目的地までたどりつける力が果たして自分にはあるのかと激しい不安に襲われる。こんな悪夢に、私は今でもうなされている。

こうした夢には神秘的な要素も感じられるが、私は神を信じていない。子供の頃は祈りを強制させられた。両親が信仰を持っていたからだ。私は言われた通りに正教会の典礼に従ったが、信じてはいなかった。宗教は当時、すでに当局に目の敵《かたき》にされており、宗教上の儀式を守る人々は大変少なかった。

それでも、宗教が役に立つこともあると思っている。宗教が道徳的な枠組みを教えてくれるからだ。どんな理想も粉砕されてしまった今のロシアでは、何を信じればいいのだろう？　私は、レーニンやスターリン、そして人間の平等を信じていた。今でも、何人《なんぴと》にも隣人を抑圧する権利はなく、すべての人に機会を与えなければならないと思っている。私は(6)ロモノーソフのこの言葉が好きだ。「おいで、友よ。君は裸足で、体も汚れていて、衣服はわずかに胸を隠しているだけだ。だが、恥じることはない。そんなことはなんでもない。これが多くの人々にとって栄光への道の第一歩なのだから」

★★★

少し前、ウドムルト共和国の大統領から私のアパートと博物館を兼用した施設を建設することを提案されたが、訪問客の一団にうんざりさせられるのではないかと思い、この提案を断った。いずれにせよ、提案された施設は、いつの日かこの目で見たいと願っているカラシニコフ銃を集めた博物館にしては、あまりにも小さいものだった。だが今、その博物館は、ゆっくりではあるが確実に建設が進んでいる。建設はすでに五年前に始まった。三階建てのその建物は、おぼろげではあるが形を成しつつある［二〇〇四年十一月にオープンした］。

カラシニコフ博物館には私たちの工場でつくられた武器の全モデルが収められることになっている。カラシニコフ銃だけではなく、優れた武器設計者であるニコノフなど、現在工場で活躍する設計者たちのモデルも展示される予定だ。ニコノフはいくつかの点で私のものよりも優

（6）ミハイル・ワシリエヴィチ・ロモノーソフ（一七一一～一七六五）　世界的に名を馳せたロシアの知識人・作家で、モスクワ大学の創立者

れた自動小銃を製作したが、機関部が複雑すぎ、単純性と信頼性を欠いている。この点においては、まだ誰も私を超える作品を生み出していない。射撃精度の観点からは、カラシニコフ銃は現代の突撃銃のなかでもっとも性能が高いとはいえないが、構造が単純なため、兵士たちが容易に理解することができる。兵士が自分の銃を愛するためには、まずは仕組みを理解し、それが自分を裏切らないことを知る必要がある。それが、つねに追い求めてきた目標だ。カラシニコフを母型に、大きな銃のカテゴリーが誕生した。そして、私はこれまでの生涯をすべて費やしてその改良に努めてきた。不幸なことに、世の中が銃を必要とし続けているからである。人類最後の日まで、銃が地球上から姿を消す日がないことを、私はよく知っている。

★★★

最近、カラシニコフ財団も設立した。武器の分野ばかりではなく、あらゆる分野の若い設計者たちを支援したいと思っている。この財団を大きく発展させることも可能だろう。また優れた設計者に対する賞を創設したいと考えている。だが、すでに多くの無駄が行われた。五年前や七年前には、もっと容易に国の助成金や民間からの寄付金を集めることができた。今では、役に立たないあらゆる類の財団が雨後のたけのこのごとく乱立している。これらの財団が果たして十分な額の資金を集めることができるのだろうか。ノーベル財団のようなものを設立できればどんなにすばらしいだろう。資金さえあればすぐにでもつくりたかった。だが、資金を得るために頭を下げることが私にはなかなかできない。「私はもうすぐ世を去るが、遺産は人類に貢献する未来の優秀な発明家たちのために使ってくれ」などと言えたらどんなに幸せだろう。だが、哀しいかな、私は裸の王様なのだ……。

★★★

一九九八年、スターリングラード攻防戦の五十周年を機に、ヴォルゴグラード（スターリングラードの現在の呼び名）を訪れた。都市の名前は変わっても、戦いの名前はそのままだ。私は真っ先に「ママエフの丘」を訪れた。丘には剣を振り上げた巨大な女性の像が建っている。「祖国の母」と呼ばれる像で、その息子、娘たちがこの町を守ったのだ。その日、戦友たちとの再会を果たそうと、大勢の退役軍人たちがここに集まっていた。彼らは涙を流しながら抱き合い、ここで亡くなった人たちを偲んでいた。私もさまざまな思い出に胸がいっぱいになった。

一九四一年秋、ドイツ軍はすさまじい勢いでモスクワに迫っていた。モスクワ陥落の日付すら設定されていたほどだ。十月十六日——。その頃、私の連隊はブリヤンスク地方で戦っていた。この同じ十月に私が負傷したときには、すでにモスクワの目と鼻の先で激しい戦闘が繰り広げられていた。小さなエレーツの町の病院に収容された私たち負傷兵は、モスクワ陥落のニュースを信じようとはしなかった。だから十一月七日に赤の広場でパレードが開催されるというニュースを聞いたとき、私たちは狂喜乱舞した。スターリンと内閣がモスクワに留まっているなら、首都が敵の手に落ちたわけではないということを意味しているからだ。私たちは冬将軍の到来に期待した。酷寒の冬はいつのときもロシア兵の心強い味方だ。モスクワ包囲戦は一九四二年四月末まで続いた。そしてこの戦いで赤軍は初勝利を収め、ヒトラー率いるナチスドイツは、戦争開始から初めて敗北を喫した。

一九四一年十二月六日、赤軍は初めて反撃に出た。病院は興奮に包まれ、誰もが退院して前線に行きたがった。ちょうど私が、初めての短機関銃の設計図を描き始めた頃だ。浅はかにも、敵を打ち負かすためにすぐにでも製造されることを期待しながら。

一九四二年、自分の銃を試験するために初めてショーロヴォ武器試験場に派遣されたとき、すでにスターリングラードの攻防戦は始まっていた。私たちは戦局の行方を不安な思いで見守っていた。スターリングラードが陥落したら前線が二つに分断されてしまい、とんでもない事態を招くことになる。ヴォルガ川沿いに五十キロにわたって延びるスターリングラードは、ドイツ軍の進軍をせき止める要塞でなければならなかった。ドイツ軍は朝から晩まで町を爆撃した。砲撃の音が鳴りやむことはなかった。防衛に参加できる者は、昼も夜も戦闘態勢にあった。だがじきにドイツ軍は町の中心部、ヴォルガ川まで兵を進め、市街戦が始まった。強襲作戦の際に町には百万発の砲弾が降り注ぎ、五百両の戦車が投入された。ほんの数週間で他国の全土を制圧することをつねとしていたドイツ軍も、スターリングラードでは、一本の通りを横切るのに数カ月、ひと棟の建物を手に入れるのに数週間がかかった。そしてようやく建物の中にたどりついても、まだそれぞれの階で戦闘が待っていた。

ショーロヴォ武器試験場もまた臨戦態勢にあった。戦線がすぐそばまで迫っていることが感じられた。設計者が自ら自分の武器をテストするため戦闘の最前線に赴くこともあったが、皆が皆、無事に帰ってくるわけではなかった。それぞれの仕事部屋の壁にはソ連邦の大きな地図が貼ってあった。そこに毎日、職員のために、前線の推移とこれからの進軍予定が小さな旗で示されていた。

一日の作業は、参謀部のニュースを聞くまで終わらなかった。

一九四二年十一月二十日、ソビエト軍はついにスターリングラードの戦線で主導権を握った。作戦開始から百時間後、スターリングラード戦線と南西方面の戦線がひとつになった。総計で三十三万のファシストの兵士たちがスターリングラード近郊の孤立地帯に包囲された。戦闘は一九四三年二月初めまで続いた。司令部がフォン・パウルス将軍に最後通牒を送ったのが一月八日。二月二日、パウルスの軍は降服し、十四万七千の兵力を失ったが、このうちの九万人が捕虜となり、二十四人の将官も含まれていた。スターリングラードの戦闘はなんと五カ月間続いたのである！

私たちの喜びは大きかった。そのとき、戦争は年内にも終わるのではないかと思ったが、一方で私は、自分の短機関銃が戦闘に使われることを望んでいた。ソ連軍の兵士が、旧式の軽機関銃を手に、戦場で命を散らしていることを知っていたからである。

剣を手にした「祖国の母」の像を見つめながら、私は語りかけた。「親愛なる母よ、この剣を差し上げるのにずいぶんと時間がかかってしまいました。ですが、今あなたが手にしていらっしゃる剣は、この私がつくったのです！」

★★★

まだ子供だったある日、筋金入りの共産主義者だった義兄に「大きくなったら何になるんだ？」ときかれたことがある。私が「発明家になりたい」と答えると、義兄は、「学校もろくに通っていないくせにか？」と馬鹿にして取り合わなかった。だが私は、自分が絶対に何かをつくりだすことができると信じていた。その確信は、私の心にしっかりと根を下ろしていた。私は義兄に答えた。「でも、僕はすでに永久運動の装置だってほとんど完成させたんだよ！」

義兄にとってはもちろん、単なる子供の夢に過ぎなかった。だが、ずっとあとになって私の突撃銃が採用されたとき、私は彼にわざわざこの会話を思い出させたのである。

何かをつくろうとする思いが頭から離れることはなかった。私はまず自転車をつくった。さらに暇さえあれば、錠前や南京錠を分解しては組み立て直した。ときには修理したこともあった。そうやって、図らずも、険しいが胸躍る発明家としての道に一歩を踏み出す準備をしていたのである。

その後は、厳密な目標に導かれているかのように、自分の道を歩んだ。それは正しい道だったと思っている。もしあのままシベリアの地にとどまっていたら、人生は違ったものになっていただろう。自分の人生を振り返ってみて、誰かを責めるつもりはないが、何かを大目に見るつもりもない。すべては運命、そうなる定めだったのだ。

★★★

今、自分の人生の決算書を作成している。

私は、我が国の軍産複合体を支える支柱のひとつ、ロシアを大国の地位に留め置くことを可能にしたこの軍事産業界のもっとも忠実な僕《しもべ》のひとりだった。

生涯を通じて誰かを苦しめたことはないし、良心に恥じることはしていない。私は別の人間にもなれたはずだが、武器設計者になったのだ。それを後悔したこともなければ、これからも後悔することはないだろう。私は何があろうともロシアを愛している。たとえその過去、そして現在の相次ぐ混乱に、胸が痛んだとしても。

歴史の荒波は私の家族をも飲み込んだ。父が過酷な労働に疲れ果て、追放されたシベリアの地で死んだとき、まだ五十歳にもなっていなかった。兄のイワンとアンドレイ、そして姉のニューラの夫エゴールは戦死した。弟のワシーリィは傷痍軍人として帰還した。末の弟のニコライは幼いうちに亡くなってしまった。私たち兄弟が子供時代に送ったシベリアにおける困窮生活で、もっとも大きなダメージを被ったのがこのニコライだった。兄のヴィクトルは、強制収容所の中でももっとも恐れられた施設に七年間収容され、白海・バルト海運河の建設に従事させられた。

私は人生の成功者だといわれる。ソビエト連邦を守る銃をつくり、完成させることに人生を捧げた。そんな人間として、私は歴史に名を留めたい。

私の人生はその終着駅にたどりついたといえるだろう。私はありとあらゆる栄誉や勲章を手にした。かつて私と私の家族を追放した故郷の村の大広場の真ん中には、今、私の胸像が建っている。

訳者あとがき

フランス語の翻訳者として、これまで多くのノンフィクションを訳してきた。その舞台は、フランスばかりではない。九・一一の鍵を握るアフガニスタン、ジャーナリストが惨殺されたパキスタン、謎の王国サウジアラビア、大統領戦に沸くアメリカ……。そうした世界各地を背景にしたドキュメンタリーには、しばしば「カラシニコフ」という単語が登場した。私はそれを「機関銃」などとせず、「カラシニコフ」と訳してきた。「ベンツ」や「ジープ」をわざわざ「車」と訳さないのと同じである。日本の読者にも、そのままで何を指すかがわかると思ったからだ。だが有名な外車とはちがい、「カラシニコフ」の実物を見たことがある日本人はほとんどいないだろう。

私自身、「カラシニコフ」がもともとは銃の設計者の名であり、その設計者がまだ存命しているとは知らなかった。また、カラシニコフの自伝と聞き、旧ソ連やロシアのイメージと、銃を手にした戦場の兵士やテロリストの映像が重なり、冷徹な人物の重苦しい人生が描かれているのだろうと想像した。

しかし、そこに立ち現われたのは、八十三歳という高齢ながら背筋がぴんと伸び、ときには冗談をまじえ、ときには現代の若者たちの風潮を嘆く、どこにでもいるような頑固者の老人だった。その頑固さは、銃の設計一筋に生きてきたひたむきさに裏打ちされている。自身の人生を振り返るその口調は、〝アーティスト（すぐれた職人や芸術家）〟としての情熱にあふれ、すがすがしくさえ感じられる。彼は言う。「自分はあくまでも銃の設計者であり、銃の売買で1コペイカたりとも儲けたことがない」。それが設計者としての彼の誇りであり、自分が開発した銃が世界各地のテロで使われている事態を憂う彼の救いでもある。彼は大金こそ手にしなかったが、祖国からはありとあらゆる勲章を授けられ、ロシアの最高議員にも選出された。いまや世界中からパーティーの招待状が届く日々だという。だがそのほとんどを断り、今でもイジマシュの工場で、毎日、銃の設計を続けている。そのまなざしはおそらく、錠前や時計などを手当たり次第に分解していた少年時代とまったく変わっていないにちがいない。

本書はまた、鉄のカーテンの向こうに隠されていた旧ソ連や現在のロシアに生きる人々が、自分の国をどうとらえ、どんな風に生活していたのかを知る上でもとても興味深い。少年時代、一家が富農（クラーク）のレッテルを貼られシベリア送りとなったときの暮らしぶり。カラシニコフの目に映った、スターリン、フルシチョフ、ブレジネフ、ゴルバチョフ、エリツィンといった最高指導者たち。また、カップルが結婚せずに同棲して子供をつくることが当たり前だったというくだりを読むと、日本のメディアを通して伝わってくるかの国のイメージが、いかに断片的で偏ったものであるかがよくわかる。

最後に、本書を翻訳するにあたり、軍隊や銃に関する用語については田岡俊次さんにアドバイスをいただいた。自ら図を描きながら銃の仕組みについて詳細に解説してくださった田岡さんのご協力なくしては、本書は完成しなかっただろう。また、フランス語の理解を助けてくださった加藤かおりさんと松永りえさん、ロシア語の表記を教えてくださった籾内裕子さん、遅れがちな翻訳を辛抱強く見守り、きめ細かな編集をしてくださった朝日新聞出版新書編集部の岩田一平編集長と二階堂さやかさんに、それぞれ大変お世話になった。ここに、心から感謝の意を表したい。

山本知子

二〇〇八年三月

妻カーチャ、母、義理の父、３人の娘たちと

末娘ナターシャと

1994年、カラシニコフ（写真右）75歳の誕生日式典。エリツィン元大統領（左）から叙勲。イジェフスクにて

釣りにも夢中だった

カラシニコフ略歴

年	年齢	主な出来事
1919		（11月10日）ミハイル・チモフェエヴィチ・カラシニコフ、クーリャ（アルタイ地方）で生まれる
1930	11	カラシニコフ家、シベリアに追放
1934	15	１度目の脱走
1936	17	２度目の脱走
1937	18	（～1938）マタイ駅、トルキスタン・シベリア鉄道第３管区政治局にて技術秘書として勤務

1938年～1942年　兵役

1938	19	（９月）ストリー市の赤軍キエフ管区に戦車操縦・整備兵として配属
1939	20	（～1940年）「エンジン使用時間計測装置」を製作
1940	21	ジューコフ将軍との出会い　褒章として腕時計を授かる
		（～1941）レニングラードにて同装置の生産
1941	22	（7月～10月）戦闘に加わる
		（10月～1942年１月）負傷し、病院で療養
1942	23	（１月～７月）療養休暇中、マタイ駅（カザフスタン）にて個人的に短機関銃を製作
		（７月）製作した同銃について、アカデミー会員ブラゴヌラーヴォフが証明書に署名（タシケント）

1942年８月～1944年10月
中央アジア軍管区発案部にて設計者として勤務

1943	24	（３月）タシケントにて軽機関銃の製作を開始
		（12月）軽機関銃、コンペで落選
1944	25	（６月～11月）ショーロヴォ武器試験場にてカービン銃を製作（のちにコンペで落選）

1944年10月～1949年９月
コロムナのソ連軍発案部にて設計者として勤務

1944	25	SG43機関銃用の単発発射装置を発案（現在も使用されている）
1945	26	突撃銃、砲兵総局のコンペにて選定
1946	27	コヴロフにて突撃銃AK46の製作開始
1947	28	（６月～８月）ショーロヴォ武器試験場にて試験
1948	29	（１月）ソ連国防省、イジェフスクでの突撃銃AK47の生産開始を決定

1949年９月～現在
イジェフスクにて設計者として勤務

1949	30	赤星勲章を受章
		スターリン賞（第１等）を受賞
		突撃銃AK47の制式採用
1950	31	（３月～1954年６月）第３期最高会議代議員
1957	38	労働赤旗勲章を受章
1958	39	レーニン勲章、鎌と槌記章（社会主義労働英雄称号）を受章
1959	40	突撃銃AKM、AKMSの制式採用
		軽機関銃RPKの制式採用

1961	42	機関銃PK、PKSの制式採用
1962	43	機関銃PKT、PKMの制式採用
1964	45	レーニン賞を受賞
1966	47	（6月）第7期最高会議代議員（1970年6月まで）
1969	50	レーニン勲章を受章
1970	51	（6月）第8期最高会議代議員（1974年6月まで）
1971	52	工学博士号を受ける
1974	55	（6月）第9期最高会議代議員（1979年3月まで）
		十月革命勲章を受章
		突撃銃AK74とAKS74の制式採用
		軽機関銃RPK74とRPKS74の制式採用
1976	57	（2月）第25回党大会に出席
		レーニン勲章と二つ目の“鎌と槌記章”（2度目の社会主義労働英雄称号）を受章
1979	60	（3月）第10期最高会議代議員（1984年3月まで）
		突撃銃AKS74Uの制式採用
1982	63	人民友情勲章を受章
1984	65	（3月）第11期最高会議代議員（1988年4月まで）
1985	66	祖国戦勲章（第1等）を受章
1990	71	（5月）アメリカ・スミソニアン協会訪問（エドワード・エゼルと会う）
1991	72	（8月）中国訪問　射撃音のため難聴になる
		（10月）アルゼンチン訪問
1992	73	（4月）アメリカのスターム・ルガー社訪問（ウィリアム B・ルガーと会う）
		（11月）フィンランド訪問

1993	74	（３月）ブルガリア訪問、イギリス訪問
1994	75	祖国功労勲章（第２等）を受章
		ロシア科学アカデミー名誉会員（工学）になる
		少将に任命
1995	76	（３月）ブルガリア訪問
		（９月）サウジアラビア訪問
		（12月）フランス訪問
1996	77	（２月）イラン訪問
		（５月）スイス訪問
		科学・産業・教育・芸術国際アカデミー名誉会員（アメリカ）になる
1997	78	（４月）インド訪問
		ロシア連邦大統領から“名誉の武器”（拳銃）を受ける
1998	79	聖アンドレ勲章を受章
		ロシア国家賞を受賞
		（10月）アメリカ訪問
1999	80	名誉勲章（ベラルーシ）を受章
		中将に任命される
2001	82	（６月）リビアのカダフィ大佐と会談
		ロシア自然科学アカデミー会員になる
2002	83	（７月）チューリンゲン州の招待でドイツ訪問
		（10月）ヨルダン訪問

エレナ・ジョリー
パリ在住の作家・ジャーナリスト。モスクワ生まれ。フランスのアクト・シュド出版においてロシア文学シリーズの監修を務める。著者に『La troisieme mort de Staline』(スターリンの第三の死)などがある。カラシニコフの娘と友人関係であることがきっかけで、本書の執筆に至った。

山本知子 やまもと・ともこ
早稲田大学政治経済学部卒。東京大学新聞研究所研究課程修了。フランス語翻訳家。訳書に『ぬりつぶされた真実』(ジャン=シャルル・ブリザール、ギヨーム・ダスキエ著、幻冬舎)、『中国の血』(ピエール・アスキ著、文藝春秋)、『誰がダニエル・パールを殺したか?』(ベルナール=アンリ・レヴィ著、NHK出版)など。

朝日新書
106

カラシニコフ自伝《じでん》

世界一有名な銃を創った男

2008年4月30日第1刷発行

著　者　エレナ・ジョリー
訳　者　山本知子

発行者　岩田一平
カバーデザイン　アンスガー・フォルマー　田嶋佳子
印刷所　凸版印刷株式会社
発行所　朝日新聞出版
〒104-8011　東京都中央区築地5-3-2
電話　03-5540-7772(編集部)
　　　03-5540-7793(販売)

ISBN 978-4-02-273206-4
定価はカバーに表示してあります。
落丁・乱丁の場合は弊社業務部(電話03-5540-7800)へご連絡ください。
送料弊社負担にてお取り替えいたします。

朝日新書

姜尚中の青春読書ノート
姜尚中

在日二世の論客として発言を続ける著者が、青春期の苦悩をへて政治学者として世に出るまでに精神的支柱となった「座右の書」を厳選。漱石、ボードレール、丸山真男、マックス・ウェーバーなど、現代人必読の古典的名著を平易な言葉で読み解く。

流行り唄五十年
唖蟬坊は歌う

添田知道

小沢昭一　解説・唄

ブラブラ節、のんき節、ラッパ節……歌は世を越え道を越え。政治を風刺し、春歌で笑いをとった唖蟬坊の唄を通して、明治・大正が甦る。唖蟬坊の息子で後継者・知道が著した昭和30年発行の朝日文化手帖の復刻版。小沢昭一の解説・唄付き。

カラシニコフ自伝
世界一有名な銃を創った男

エレナ・ジョリー　聞き書き

山本知子　訳

世界一有名な自動小銃「カラシニコフ」を開発したカラシニコフ本人の語りおろし自伝。スターリン時代、シベリアに強制移住させられた幼少期から、銃設計者として見いだされ、旧ソビエト最高会議代議員に上りつめるまでの波乱の人生を描く。

石油がわかれば世界が読める
瀬川幸一　編

原油大高騰のウラになにがある？　地球温暖化をめぐる脱石油で食糧戦争勃発？　石油資源は枯渇しない？　石油にまつわる資源探査から応用化学、地政学まで、石油学会に集う第一線研究者が共同執筆。各専門分野から「石油」に切り込む。

10年先を読む長期投資
暴落時こそ株を買え

澤上篤人

預貯金しかしたことがない人でも安心して始められるのが株の「長期投資」。将来、社会に貢献しそうな企業を選び、暴落時に株を買い、あとは値上がりを待つだけ。長期投資一筋三十有余年の第一人者が、理論と実践のコツを平易に解説した決定版。